pecados
e pecadinhos

Dados Internacionais de Catalogação na Publicação (CIP)
Angélica Ilacqua CRB-8/7057

Shedd, Russell P.

Pecados e pecadinhos : arranque as ervas daninhas do jardim da fé / Russell Philip Shedd. – São Paulo : Shedd Publicações, 2015.
240 p.

ISBN: 978-85-8038-042-2

1. Pecado 2. Fé 3. Vida cristã I. Título

15-0933   CDD-241.3

Índices para catálogo sistemático:
1. Pecado

Russell P. Shedd

pecados
e pecadinhos

arranque as ervas daninhas
do jardim da fé

SHEDD
PUBLICAÇÕES

Copyright © Shedd Publicações

1ª Edição - Setembro de 2015
1ª Reimpressão - 04/2016
2ª Reimpressão - 03/2020

Publicado no Brasil com a devida autorização
e com todos os direitos reservados por
Shedd Publicações
Rua São Nazário, 30, Sto Amaro
São Paulo-SP - 04741-150
Vendas: (011) 5521-1924
www.sheddpublicacoes.com.br

Proibida a reprodução por quaisquer
meios (mecânicos, eletrônicos, xerográficos,
fotográficos, gravação, estocagem em banco de
dados, etc.), a não ser em citações breves
com indicação de fonte.

Printed in Brazil / Impresso no Brasil

ISBN 978-85-8038-042-2

Revisão: Rogério Portella
Diagramação & Capa: Edmilson F. Bizerra

Para a Glória de Deus e a edificação da sua Igreja

Sumário

Introdução 9
1. Culpa falsa não eliminada 17
2. Ansiedade 21
3. Medo 25
4. Desapontamento e decepção 31
5. Avareza 35
6. Amargura 39
7. Ira 43
8. Inveja 47
9. Ciúme 51
10. Cinismo 53
11. Impaciência 57
12. Desespero e desânimo 61
13. Vergonha 65
14. Infelicidade 69
15. Infidelidade 75
16. Ressentimento 79
17. Reclamação e espírito murmurante 83

18. Hipocrisia 87
19. Maledicência e fofoca 93
20. Mentira e falso testemunho 97
21. Rejeição da admoestação 103
22. Amor ao dinheiro 109
23. Competição entre irmãos 115
24. Negligência dos necessitados e feridos 121
25. Maldade 127
26. Egoísmo 133
27. Individualismo 139
28. Autojustificação 145
29. Ingratidão 151
30. Racismo 157
31. Dureza de coração 163
32. Secularização 169
33. Irresponsabilidade 175
34. A busca da glória dos homens 181
35. Comentários que diminuem o respeito a um irmão 187
36. Distração 193
37. Negligência de responsabilidade 199
38. Silêncio sobre a realidade da ira de Deus 205
39. Cegueira despercebida 211
40. Idolatria 217
41. Namoro insincero 223
42. Tomar o nome de Deus em vão 229
Conclusão 235

Introdução

O professor Daniel Fuller escreveu uma obra importante: a *Unidade da Bíblia*. Esse professor teve uma influência muito marcante na vida e no pensamento de John Piper. No livro ele fala de dez atitudes pecaminosas que demonstram a fé fraca ou fé enfraquecida por dúvidas. Eu descobri outras falhas pecaminosas. Espero convencer o prezado leitor de que a falta de fé tem consequências fatais para a vida cristã vitoriosa. Gostaria de elaborar um pouco sobre essa erva daninha que cresce no solo de incredulidade. A erva daninha não precisa de adubo para crescer e proliferar, mas impede que as plantas úteis e benéficas produzam os alimentos que o agricultor espera e precisa. A erva daninha suga os nutrientes do solo sem devolver riquezas ou benefícios para a terra nem para o agricultor. Como os espinhos que sufocam a semente boa — na parábola de Jesus sobre os quatro solos —, as sementes boas não têm chance de se desenvolver.

Atitudes e práticas pecaminosas, muitas vezes, têm origem real na falta de fé. A fé fraca, com lacunas, favorece o crescimento de atitudes que dificilmente criam o sentimento de culpa pelos pecados; portanto, eles raramente são confessados. Conclui-se com facilidade que eles não são marcas de rebelião e desobediência de mandamentos do Senhor que precisam ser perdoados e dos quais precisamos nos arrepender. A confissão e a renúncia dos pecados só são possíveis onde há reconhecimento. O problema maior comprova que os pecados não confessados afastam o crente de Deus, como o pecado prazeroso praticado pelo não cristão consegue mantê-lo longe do Senhor que o poderia libertar.

Davi, no salmo 19, pergunta: "Quem pode discernir os próprios erros? Absolve-me dos que desconheço!" (v. 12). Quando o Espírito Santo não chama nossa atenção para os pecados escondidos em nossa alma, endurecemos o coração. Esses deslizes muitas vezes se tornam hábitos, como a erva daninha — difícil de arrancar e eliminar do campo. Esperamos que Deus faça bom uso deste estudo para descortinar algumas práticas e atitudes que o desonram. Além disso, desejo que entendamos que, em muitos casos, a explicação para o enraizamento desses pecados, longe da consciência, reside na pobreza da nossa fé. Os pecadores (todos somos) têm dificuldade em perceber que a fonte de muitos pecados se encontra na fé anêmica ou inexistente.

O professor Donald A. Carson sabe da falta de resistência à tentação constante de depreciar o pecado, ou pior: condenar apenas os pecados que não parecem ser nossos. É fácil condenar a guerra quando vivo em paz, condenar o racismo quando não sou vítima dele ou seu provocador. Talvez me veja acima da rixa que divide as raças. Mas o pecado não é nada além de fazer o que Deus proíbe (como Adão e Eva fizeram em Gn 3) ou não fazer o que ele manda. É a terrível declaração de independência da criatura dependente em relação ao Criador.

A ausência do exercício da fé significa não levar a sério nossa pecaminosidade, mas valorizar nossa autonomia. Agimos como se Deus não se importasse, ou não percebesse a falha, talvez achando que ele observe nossa santidade em Cristo e não note a desobediência. Provavelmente, Pedro caiu nessa cegueira em Antioquia quando, depois de demonstrar sua liberdade em Cristo, comendo com os gentios. Mas, após a vinda de alguns irmãos da parte de Tiago, "afastou-se e separou-se dos gentios, temendo os que eram da circuncisão" (Gl 2.12). A hipocrisia de sua ação não escapou da sensibilidade de Paulo, que confrontou o líder entre os apóstolos para convencê-lo da gravidade de sua decisão equivocada.[1]

Creio ter sido Agostinho quem entendeu que a raiz do pecado humano é a soberba. Ela contava com fortes razões para interpretar a inclinação para agir contra a vontade expressa por Deus em sua Palavra neste pecado capital. Encontrou uma razão adequada no orgulho do coração humano. A única explicação da queda de Satanás era o espírito arrogante. Que outro pecado um arcanjo poderia ter cometido além de exaltar a si mesmo e querer destronar o único e glorioso Deus, o Criador dos céus e da terra?

Martinho Lutero cria que a raiz do pecado — o que dá impulso a todos os outros — é a incredulidade. Não é difícil entender que, tão logo eliminemos Deus como fonte de toda a existência, o homem se torna o centro, contrariando a declaração de Paulo: "Pois dele, por ele

---
[1] *O Deus amordaçado* (São Paulo: Shedd Publicações, 2013), p. 216.

e para ele são todas as coisas". Se a teoria da evolução conquista a mente humana, e o acaso explica a existência de tudo, abraçamos o pensamento secularizado do humanismo. Deus, caso exista, não tem importância para explicar a origem nem a finalidade de todas as coisas. O autor do livro de Hebreus escreveu: "Sem fé é impossível agradar a Deus, pois quem dele se aproxima precisa crer que ele existe e que recompensa aqueles que o buscam" (Hb 11.6).

Estou convencido de que os problemas principais da vida são de natureza relacional. As relações entre marido e mulher, pais e filhos, empregados e patrões, governantes e governados não são fáceis de administrar. Um relacionamento falho provocou o primeiro homicídio. O orgulho e a fé sem convicção motivaram Caim a ferir de morte seu irmão. Os relacionamentos são prejudicados pelo pecado, todos os tipos de pecado. Pode ser útil identificar esses pecados e oferecer o antídoto para todos eles: o arrependimento e a humilhação diante do Senhor, seguidos do enchimento do Espírito Santo. Crendo com firmeza que ele tem poder para transformar personalidades e manias pecaminosas, podemos esperar verdadeiros milagres na vida em harmonia com outras pessoas. A invocação de Deus para participar de nossas lutas contra a carne é a solução mais eficaz oferecida pela Bíblia.

A importância do tema na busca pela santidade se torna patente uma vez que levamos a sério Hebreus 3.12, 13: "Cuidado, irmãos, para que nenhum de vocês tenha coração perverso e incrédulo, que se afaste do Deus vivo. Ao contrário, encorajem-se uns aos outros todos os dias, durante o tempo que se chama 'hoje', de modo que nenhum de vocês seja endurecido pelo engano do pecado". O perigo que este autor deseja destacar diz respeito ao sentimento de segurança, mas ainda mantendo algumas áreas de incredulidade no coração. Alguns cristãos se aproximam do precipício sem notar que a vida espiritual, de que se julgam possuidores, pode-se apagar de forma repentina.

O pai que levou o filho endemoninhado aos discípulos ficou decepcionado. Quando Jesus voltou do monte da transfiguração, esse pai se aproximou de Jesus e pediu ao Mestre: "Se podes fazer alguma coisa, tem compaixão de nós e ajuda-nos" (Mc 9.22*b*). A fé do pai ficou abalada com o fracasso dos discípulos. Ele duvidou que Jesus sozinho conseguisse expulsar o impiedoso demônio se os discípulos ficaram impotentes para lhe livrar o filho desse poderoso ser invisível.

A resposta de Jesus é muito sugestiva: " 'Se podes', disse Jesus: 'Tudo é possível àquele que crê' " (v. 23). Quero convencer os leitores neste livro de que esta palavra de Jesus vale para todos os pecados que crescem na falta de fé do praticante. Afirmo para meus amados irmãos que Deus está sempre à disposição para nos dar a vitória sobre os pecados que nos assediam caso a peçamos com fé. O apóstolo João escreveu aos santos da Ásia: "Esta é a confiança que temos ao nos aproximarmos de Deus: se pedirmos alguma coisa de acordo com a vontade de Deus, ele nos ouvirá. E se sabemos que ele nos ouve em tudo o que pedimos sabemos que temos o que dele pedimos" (1Jo 5.14,15).

Nas estradas há sinalização quando os motoristas se aproximam de áreas perigosas em que pessoas incautas sofreram acidentes. A sinalização deveria tornar o condutor mais cuidadoso. Este texto conta com o mesmo objetivo. Todos nós somos propensos a cair quando tentados. Dos discípulos, Judas e Pedro foram os que caíram de modo mais vergonhoso nos momentos da prisão e condenação de Jesus. Ele lhes avisou do perigo de caírem, mas de nada adiantou. O orgulho levanta uma barreira para nos proteger a estima. Pedro ficou tão seguro em sua autoestima que, quando Jesus lhe advertiu, prestou pouca atenção. Ele considerou desnecessária a advertência de Jesus. Achou que a oração poderia ser dispensada para vencer qualquer tentação. O maior problema foi a incredulidade na palavra de Jesus. Sua queda foi horrível! Os filhos de Deus que enfrentam tentações para cometer os pecados que os derrubam com mais frequência são os que não acreditam que eles consistam, de fato, em pecados contra a fé e contra o compromisso com a Palavra.

Sabemos que Satanás foi quem persuadiu Judas a trair o Senhor Jesus (Jo 13.27), mas o amor ao dinheiro constituiu outro elemento preponderante. Ele caiu de tal forma que nunca se recuperou. Ele não contava com a fé para confiar na perfeita satisfação oferecida por Cristo nem no perdão concedido por Deus de forma gratuita a todos os que se arrependem e se abrigam nele.

Quando Paulo soube que os tessalonicenses passavam por duras provas, escreveu: "Por essa razão, não suportando mais, enviei Timóteo para saber a respeito da fé que vocês têm, a fim de que o tentador não os seduzisse, tornando inútil o nosso esforço" (1Ts 3.5). Paulo entendeu que a sedução por meio da tentação tem raiz na incredulidade. Esta é a tese que desejo desenvolver no livro.

PECADOS QUE REFLETEM CARÊNCIA DE FÉ

CAPÍTULO 1

Culpa falsa não eliminada

Em primeiro lugar, quero levantar a questão da culpa que pesa na consciência do pecador, em especial de quem comete um crime hediondo. Continuar carregando um peso de culpa após ter confessado o pecado e se arrependido de forma genuína abre uma porta para o Diabo levantar uma pedra de tropeço diante dos filhos de Deus. O inimigo da nossa alma tem prazer em acusar os irmãos de pecados confessados ou atos tolos que foram reconhecidos e confessados (Ap 12.10). Se descrermos na maravilhosa promessa de 1João 1.9 — nossos pecados confessados foram eliminados e completamente perdoados —, é natural sentir que a culpa pelas transgressões permanece. Mas se crermos com firmeza na promessa de que Deus não pode ser injusto ao desprezar o sacrifício substitutivo de seu Filho na cruz, a culpa não deve mais nos incomodar. A purificação de todo o pecado tem garantia na Palavra e na justificação provida pela fé — caso seja genuína: "Foi para liberdade que Cristo nos libertou. Portanto, permaneçam firmes e não se deixem submeter novamente a um jugo de escravidão" (Gl 5.1).

Uma razão pela qual alguns crentes continuam sentindo a culpa de pecados confessados pode ser a dúvida sobre a sinceridade do arrependimento desse pecado. O verdadeiro arrependimento é dom de Deus. Pedro declara diante das autoridades de Israel que Deus exaltou Jesus Cristo à sua direita como Príncipe e Salvador para dar à nação arrependimento e perdão de pecados (At 5.29-31). Pedro explicou para seus colegas porque entrou para pregar na casa de um gentio como Cornélio. Convencidos da mão de Deus agindo de forma direta nesse caso, os apóstolos "... louvaram a Deus dizendo: 'Então, Deus concedeu arrependimento para a vida até mesmo para os gentios' " (At 11.18). Paulo afirmou aos presbíteros de Éfeso ter testemunhado "tanto a judeus como a gregos, que eles precisam converter-se a Deus com arrependimento e fé em nosso Senhor Jesus". Nota-se que o arrependimento e a fé são as duas faces da mesma moeda.

Não raro, o crente se sente culpado pela não eliminação das consequências do seu pecado. Um exemplo seria uma jovem engravidar sem ter se casado. A culpa vem acompanhada da vergonha e do transtorno que a gestação e o nascimento de uma criança fora dos laços do casamento ordenado por Deus produz. Profundo arrependimento toma conta de sua alma, mas o pecado tem consequências que incomodam as pessoas envolvidas. Esse incômodo pode ser confundido com o sentimento de culpa. Devemos ponderar as palavras sábias do dr. Fuller: "No entanto, os pecados dos quais Satanás nos acusa jamais incluem nossas falhas em agir na obediência da fé. Se ele fizesse isso, estaria pregando o evangelho para nos repreender por não crermos nas promessas de Deus!

Ele de fato estaria aumentando a obra do Espírito Santo que é convencer o mundo do pecado da incredulidade" (Jo 16.8,9).[2]

O maior mal que a acusação falsa nos traz, me parece, é tirar a alegria do coração do filho de participar da plena comunhão com Deus e seus irmãos em Cristo. Pode ser que a culpa falsa ajude o crente a evitar pecar de novo, mas esse é o papel do verdadeiro arrependimento, não o convite para Satanás nos pressionar com acusações invalidadas pelo sacrifício de propiciação pelos nossos pecados [...] pelo sangue de Jesus (Rm 3.25).

Ao que parece, Davi entendeu a necessidade de recuperar a alegria da salvação depois de afundar de modo tão desastroso no pecado do adultério e homicídio. Ele não só pede que Deus "crie [nele] um coração puro" (Sl 51.10), como também rogou: "Devolve-me a alegria da tua salvação" (v. 12). A alegria da salvação deve ser o aval divino do apagamento dos pecados, mesmo quando alguém precisa passar por tantos sofrimentos como Davi. Considere as múltiplas angústias que atribularam seu coração. O filho gerado pelo adultério morreu. Amnom foi morto por Absalão depois de ter estuprado Tamar. Absalão fomentou uma conspiração contra seu pai, resultando na sua própria morte. Adonias, outro filho de Davi, foi assassinado por ordem de Salomão. As consequências mais horríveis de nossos pecados não devem anular a alegria da salvação se cremos na plena justificação pela fé.

---

[2] *The Unity of the Bible*. Grand Rapids: Zondervan, p. 281-2.

CAPÍTULO 2

Ansiedade

O sentimento de ansiedade tem raízes na incredulidade: "Não andem ansiosos por coisa alguma, mas em tudo, pela oração e súplicas, e com ação de graças, apresentem seus pedidos a Deus. E a paz de Deus, que excede todo o entendimento, guardará o coração e a mente de vocês em Cristo Jesus" (Fp 4.6,7). Jesus ordenou a seus seguidores: "Não se preocupem com sua própria vida, quanto ao que comer ou beber, nem com seu próprio corpo, quanto ao que vestir. Não é a vida mais importante que a comida, e o corpo mais importante que a roupa?" (Mt 6.25). Nós nos preocupamos com as coisas materiais e externas porque desacreditamos que Deus cuidará de nós como um pai amoroso. Não tem ele o poder necessário para suprir nossas necessidades básicas?

O pensamento deísta, abraçado em larga escala pela classe alta na Inglaterra no século XVIII, tem fortes raízes no conceito de que Deus criou o mundo com suas leis e processos naturais. Ele deixou a criação funcionar como um relógio dependente da corda para manter as peças em movimento. Do mesmo modo, todos os sistemas e movimentos do universo se mantêm em andamento sem a interferência do Criador. Deus não intervém na história humana que corre como uma máquina sem qualquer envolvimento da parte dele. Segundo essa posição, a natureza é cega e insensível, não se pode contar com alguma interferência da parte de Deus. O pobre homem fica à mercê dos acontecimentos que se seguem sem qualquer consideração divina em relação ao sofrimento humano.

Mas a Bíblia nos apresenta um Deus totalmente envolvido na existência dos homens, acima de tudo na vida de seus filhos. O salmista escreveu: "Parem de lutar! Saibam que eu sou Deus! Serei exaltado entre as nações, serei exaltado na terra" (Sl 46.10). A síndrome da ansiedade se repete quando imaginamos que uma calamidade poderia acontecer; talvez já tenha ocorrido com outro irmão. Em vez de obedecer ao mandamento bíblico de "lançar sobre ele toda a sua ansiedade, porque ele tem cuidado de vocês" (1Pe 5.7), o filho ansioso continua remoendo as possibilidades desastrosas. Se vivermos pela fé e confiarmos na onipotência de Deus, devemos descansar na gloriosa verdade de Romanos 8.28. "Sabemos que Deus age em todas as coisas para o bem daqueles que o amam, dos que foram chamados de acordo com o seu propósito".

Portanto, diz Jesus, não se preocupem: "Busquem, pois, em primeiro lugar o Reino de Deus e a sua justiça, e todas estas coisas lhes serão acrescentadas" (Mt 6.33). Jesus empregou a mesma palavra em forma verbal usada por Paulo e Pedro para designar a ansiedade na descrição dos perigos dos dias anteriores à sua volta. "Tenham cuidado, para não sobrecarregar o coração de vocês de libertinagem, bebedeira e ansiedades da vida, e aquele dia venha sobre vocês inesperadamente. Porque ele virá sobre todos os que vivem na face de toda a terra" (Lc 21.34,35). As preocupações podem desviar o coração humano de Deus porque ofuscam a verdade. Os acontecimentos futuros não ocorrem por acaso; eles são ordenados e controlados por Deus.

Se a fé do crente não alcança a ordenação dos detalhes da vida, não cria confiança na bondade de Deus que planeja o melhor para seus filhos. A preocupação seria apenas pecaminosa. De fato, a fé pode inexistir. É natural para a pessoa que não tem Deus como Pai imaginar as inúmeras possibilidades com que o azar poderia machucá-la ou lhe destruir a vida. Assim, crer de todo o coração que Deus controla todas as coisas, e que ele é o Senhor da história, deve erradicar todo o temor a respeito do futuro. A fé cristã se agarra à declaração bíblica de Romanos 8.28 com segurança absoluta: Como seria possível crer que Deus trabalha para nosso bem, e ficarmos ansiosos acerca do futuro incerto? Isaías 7.9*b* captou com perfeição a conclusão de nosso raciocínio: "Se vocês não ficarem firmes na fé, com certeza não resistirão!".

CAPÍTULO 3

Medo

O cristão deve viver com só um tipo de temor, o temor de Deus (2Co 7.1). O medo é o meio utilizado pelo Diabo para dominar todos os súditos do seu domínio. O autor de Hebreus tem uma observação muito adequada para nossa meditação: "Portanto, visto que os filhos são pessoas de carne e sangue, ele (Jesus Cristo) também participou dessa condição humana, para que, por sua morte, derrotasse aquele que tem o poder da morte, isto é, o Diabo, e libertasse aqueles que durante toda a vida estiveram escravizados pelo medo da morte" (2.14,15). O Diabo teve uma grande vitória quando Adão e Eva desobedeceram ao mandamento de Deus. Não creram na advertência do Criador e confiaram na mentira do Tentador, que disse: "Certamente não morrerão!". A rebelião de Adão trouxe a maldição do "pecado [que] entrou no mundo [...] e pelo pecado a morte, assim também a morte veio a todos os homens, porque todos pecaram" (Rm 5.12). A vitória de Jesus Cristo sobre a morte garante nossa vitória sobre o último inimigo se crermos que Jesus tomou sobre si nosso castigo e imputou sua justiça perfeita para cobrir de forma cabal nossa culpa. O crente medroso demonstra a fraqueza de sua fé.

Um pastor que seria enforcado por seu testemunho fiel do evangelho afirmou não sentir mais temor com a aproximação da morte que "muitas vezes senti quando subi ao púlpito para pregar a Palavra".

O medo do desconhecido pode abalar qualquer indivíduo carente de certeza de que o Deus todo-poderoso está com ele, e que o Senhor prometeu nunca nos abandonar. A promessa dada a Israel vale para o Israel de Deus, a geração eleita, o sacerdócio real, a nação santa, a propriedade exclusiva de Deus. Antes eles não integravam o povo, "mas agora são povo de Deus" (1Pe 2.9,10).

Escute a palavra de Isaías: "Agora assim diz o Senhor, aquele que o criou, ó Jacó, aquele que o formou, ó Israel; 'Não tema, pois eu o resgatei eu o chamei pelo nome; você é meu. Quando você atravessar as águas, eu estarei com você; quando você atravessar os rios eles não o encobrirão. Quando você andar através do fogo, não se queimará; as chamas não o deixarão em brasas. Pois eu sou o Senhor, o seu Deus, o Santo de Israel, o seu Salvador" (Is 43.1-3). O Deus que resgatou seu povo do Egito e do poderoso exército do faraó lhe garante a proteção.

Não só a morte que pode provocar temor e tremor no coração humano. Todo tipo de mal que aflige a vida humana pode criar um sentimento muito desagradável de apreensão. Perder uma chance, ao ser contratado para um bom emprego parece impossível, cria ansiedade. O anúncio de um médico confiável de que o tumor no estômago é um câncer agressivo; a falência de uma empresa que custou muitos anos para levantar; o filho que se afasta da família para manter a amizade com pessoas totalmente irresponsáveis — não há fim para as possibilidades de acontecimentos horríveis que significariam sofrimento físico e emocional intenso. Tudo isso, e muito mais, pode implantar medo no coração. Várias situações podem provocar medo: uma cirurgia, uma bronca do chefe no escritório ou na fábrica, comparecer perante o juiz que decidirá um caso importante, levantar para proferir um discurso diante de um auditório ilustre, um avião com o motor despejando fumaça! O instinto de autopreservação solta adrenalina e o sentimento de medo ao enfrentar perigo.

Em mais de três centenas de passagens das Escrituras se encontra a ordem: "Não tenha medo". A falta de confiança no Senhor e em seus cuidados carinhosos abre a porta para o medo atacar. Se Satanás tem o poder da morte, Jesus Cristo veio para libertar "aqueles que durante toda a vida estiveram escravizados pelo medo da morte" (Hb 2.15). O Diabo é o pai da mentira que produz desconfiança. Ele utiliza as algemas do pavor, temor e medo para escravizar os pecadores que vivem separados da fonte de paz e alegria. No entanto, João escreveu: "No amor não há medo, ao contrário o perfeito amor expulsa o medo, porque o medo supõe castigo. Aquele que tem medo não está aperfeiçoado no amor" (1Jo 5.18). O amor e a fé que confiam no Deus bondoso e todo-poderoso em todos seus atos se relacionam de modo inseparável. Quando somos atingidos pelo medo, o melhor caminho a tomar é fortalecer a fé em Deus por meio da oração e do louvor.

O medo de Pedro no pátio do sumo sacerdote quando uma criada o acusou de ser acompanhante de Jesus provocou sua negação vergonhosa (Mt 26.69,70). Confessar Jesus diante dos homens resultará na confissão de Jesus diante de Deus Pai. O Senhor fala contra esse tipo de medo em termos assombrosos: "Não tenham medo dos que matam o corpo, mas não podem matar a alma. Antes tenham medo daquele que pode destruir tanto a alma como o corpo no inferno" (Mt 10.28). As Escrituras são muito claras ao distinguir situações que devem provocar medo e das que não devem ser temidas.

O salmista faz sete declarações no salmo 119 que revelam como ele combateu o medo: 1) "O que o meu coração teme é a tua Palavra" (Sl 119.161). 2) "Alegro-me nas tuas promessas" (v. 162). 3) "Amo a tua Lei" (v. 163). "Amo ardentemente" (v. 167). 4) "Sete vezes no dia te louvo" (v. 164). 5) "Grande paz têm os que amam a tua Lei" (v. 165). 6) "Espero, SENHOR, na tua salvação" (v. 166). 7) "Na tua presença estão todos os meus caminhos" (v. 168).[3] A fé que estes versículos promovem depende do fundamento da Palavra eterna de Deus.

Jesus solucionou o problema do medo dos discípulos quando cruzaram o mar da Galileia. Um forte vendaval abateu-se sobre o lago que criou um pânico em todos menos Jesus. Ele dormia com tranquilidade. "Os discípulos foram acordá-lo, clamando, 'Mestre, Mestre, vamos morrer'. Ele se levantou e repreendeu o vento e a violência das águas; tudo se acalmou e ficou tranquilo" (Lc 8.22-25). Os discípulos perceberam de imediato a incoerência de temer a tempestade com Jesus no barco. O temor desnecessário carece de razão para existir quando temos a certeza de

---

[3] Cf. Silas Rabello, *"De Áleph a Tau"* – Comentário Devocional do Salmo 119.

que Deus está conosco. Foi a falta de fé que causou o pânico de Pedro quando se arriscou a caminhar sobre o mar, mesmo tendo recebido o convite de Jesus para sair do barco e andar em direção a ele: "Quando reparou no vento, ficou com medo e, começando a afundar, gritou: 'Senhor, salva-me' " (Mt 14.29,30). Jesus estendeu a mão e o segurou. Seu medo foi causado por um lapso de fé.

Paulo ora a favor dos tessalonicenses pedindo que "o próprio Senhor da paz lhes dê a paz em todo o tempo e de todas as formas" (2Ts 3.16). A intensa perseguição que a pregação do evangelho levantou na cidade não deveria criar medo no coração desses novos cristãos. O Deus da paz, que tem ampla tranquilidade para repartir com seus filhos, repassará essa paz a eles. Paulo explica o caminho da paz aos filipenses dizendo que ao enfrentarem situações adversas, obterão resposta por meio da oração da fé: "E a paz de Deus que excede todo entendimento, guardará o coração e a mente de vocês em Cristo Jesus" (Fp 4.7). A promessa é clara; o que resta é confiar nele.

O medo, de fato tem sentido se a vida terrena for a única vida que teremos para gozar. No entanto, se o futuro oferece uma vida incomparavelmente melhor, devemos perder qualquer sentimento de pavor ao prever o traslado desta existência para a vida no corpo da ressurreição.

Jesus nos deixou a segurança — que para todos que amam a Deus e são revestidos em sua justiça, a vida vindoura e aguardada é uma bendita esperança (Tt 2.13). Glorifiquemos a Deus que esta vida não é tudo. A vida que antecipamos transforma a morte em lucro (Fp 1.21).

CAPÍTULO 4

Desapontamento e decepção

Olhando para trás podemos perceber que nos desviamos do caminho, tomando uma decisão errada de maneira que perderemos parte da felicidade futura. Isso cria desapontamento, pesar e tristeza. O passado é irrecuperável, o resultado de uma escolha irreversível. Isso pode dar ao Diabo uma porta aberta para nos afligir. Mas a tristeza não convém ao coração de um filho do Rei que administra todas as circunstâncias da vida. Mais uma vez, a falta de fé na promessa divina demonstra a vontade de Deus que um indivíduo como o rei Zedequias deveria ter seguido. Jeremias lhe advertiu diversas vezes aconselhando que deveria entregar Jerusalém aos babilônios e evitar a destruição da cidade: "Obedeça ao SENHOR fazendo o que eu lhe digo, para que tudo lhe corra bem e a sua vida seja poupada" (Jr 38.20*b*). Zedequias não acreditou na palavra profética e, como consequência sofreu a calamidade de presenciar a morte dos filhos e ele mesmo foi castigado tendo os olhos furados e sido levado como escravo para Babilônia (Jr 39.5-7).[4] Não lhe faltavam motivos amplos

---
[4] Cf. D. Fuller, op.cit., p. 285.

para lastimar a decisão errada de não ter acreditado na palavra do Senhor. A ausência de fé o motivou a desobedecer a ordem de Deus.

As circunstâncias ruins que nos entristecem de modo tão profundo podem ser comparadas com a venda de José pelos irmãos para a escravatura. Acredito que isso tenha provocado profundo pesar no coração desse jovem inocente. Não foi a única vez que José precisou indagar: "Que será que eu fiz para merecer estes maus tratos da parte de Deus?". Anos depois, ele foi capaz de ver como as experiências de profundo sofrimento foram transformadas por Deus em grande benefício para milhões de pessoas. Escute a conversa de José com seus irmãos culpados do grave crime de sequestro e engano do pai: "Vocês planejaram o mal contra mim, mas Deus o tornou em bem, para que hoje fosse preservada a vida de muitos" (Gn 50.20).

Essa mesma atitude de fé moveu o coração de Paulo a escrever em meio a circunstâncias nada animadoras: "Mas, em todas estas coisas somos mais do que vencedores, por meio de aquele que nos amou" (Rm 8.37). Paulo sofreu prisões, açoites severos e foi exposto à morte repetidas vezes. Cinco vezes recebeu 39 açoites e três vezes foi golpeado com varas. Foi apedrejado, sofreu naufrágios e passou uma noite exposto à fúria do mar. O apóstolo Paulo contava com boas razões para questionar as decisões que o colocaram em situações de extremo sofrimento e perigo, mas a fé robusta do apóstolo superou essas circunstâncias para concluir que nenhuma das calamidades da sua vida era capaz de "separá-lo do amor de Deus que está em Cristo Jesus, nosso Senhor". Sem dúvida foi a fé que lhe manteve o bom ânimo (2Co 4.1). "Portanto", disse esse sofrido missionário, "temos sempre confiança" (2Co 5.6). "Por isso não desanimamos, embora exteriormente estejamos a desgastar-nos, interiormente estamos sendo renovados dia após dia, pois os nossos sofrimentos leves e momentâneos estão produzindo para nós uma glória eterna que pesa mais do que todos eles" (2Co 4.16,17). A tentação de olhar para trás e lamentar as decisões que erram de longe os alvos esperados cria tristeza, mas a fé firme nas promessas antecipa o bom fim. Só assim poderemos sempre nos alegrar no Senhor (Fp 4.4).

Paulo poderia pensar que sua ida a Jerusalém para levar a oferta de amor e solidariedade dos gentios da Macedônia e Acaia foi um erro total. Em especial depois de ter sido encarcerado durante dois anos em Cesareia, e depois, provavelmente, mais dois anos em Roma. Que explicação ele daria a Ágabo, que profetizou sua prisão e entrega aos gentios (At 21.10-14)? Não sabemos que melhora houve no relacionamento entre as igrejas gentílicas e judaicas suscitada pela entrega da oferta para os pobres irmãos de Jerusalém e Judeia. Não foi tempo perdido, sem poder visitar as igrejas que Deus levantou com seu ministério? Posso imaginar a profundeza da decepção que Paulo deveria ter sentido se não tivesse fé firme e segura que sua ida para Jerusalém ocorreu de acordo com a vontade de Deus. Os servos do Senhor têm ocasiões frequentes para questionar o motivo de Deus não impedir uma decisão que resultaria em desperdício de tempo, dinheiro e até saúde.

Paulo se converteu por volta do ano 31 ou 32, um ou dois anos após a crucificação de Jesus. Paulo começou de imediato a evangelizar em Damasco. A hostilidade dos judeus foi tal que eles o tentaram matar. Paulo escapou pela abertura no muro da cidade (At 9.25). Em seguida, Barnabé o levou a Jerusalém para um encontro com os apóstolos. O texto de Gálatas 1.17 afirma que ele esteve nos três anos anteriores na Arábia. Mais uma vez os judeus planejaram matá-lo, e assim ele foi levado pelos irmãos até Cesareia — de onde viajou para Tarso na Cilícia. Paulo informa os gálatas: "Catorze anos depois, subi novamente a Jerusalém para levar ajuda para os irmãos junto com Barnabé" (Gl 2.1). Quanto desperdício dos extraordinários dons de um obreiro como Paulo ficar parado em Tarso durante quase dez anos. Paulo não mostra nenhuma tristeza por ter sido esquecido até Barnabé vir convidá-lo para ministrar em Antioquia (At 11.25-30). Nem Lucas nem Paulo dão qualquer sugestão de que Paulo ficou decepcionado com tanto tempo perdido. A fé de Paulo era tal que ele entendia a ordenação dos tempos por Deus. Se pudermos aprender a mesma lição de fé, será mais fácil alegrar-nos sempre no Senhor.

CAPÍTULO 5

Avareza

Dr. Fuller define a manifestação da incredulidade como a insatisfação com nossas posses ou com nossa posição e circunstâncias na vida. Nosso descontentamento com o que temos ou quando sentimos maltratados pela vida têm suas raízes nítidas na ausência ou fraqueza da fé: "Porque vocês podem estar certos disto, nenhum imoral, ou impuro, ou ganancioso, que é idolatria tem herança no Reino de Cristo e de Deus" (Ef 5.5).

A atitude mais característica do homem salvo é sua gratidão. "Deem graças em todas as circunstâncias, pois esta é a vontade de Deus para vocês em Cristo Jesus" (1Ts 5.18). A gratidão verdadeira não dá espaço para a cobiça porque a gratidão engole a incredulidade de pensar que devemos ter mais dinheiro ou coisas se Deus nos ama. Foi com fé sólida e forte que Paulo disse: "... aprendi a adaptar-me a toda e qualquer circunstância. Sei o que é passar necessidade e sei o que é ter fartura. Aprendi o segredo de viver contente em toda e qualquer situação, seja bem-alimentado, seja com fome, tendo muito, ou passando necessidade. Tudo posso naquele que me fortaleçe" (Fp 4.12,13).

Paulo define a cobiça como "o amor ao dinheiro". Eis a raiz de todos os males: "Algumas pessoas, por cobiçarem o dinheiro, desviarem-se da fé e se atormentaram com muitos sofrimentos" (1Tm 6.10). As pessoas que merecem o rótulo de "avarentas" desacreditam que Deus quer ou pode lhes dar todo o necessário. Como crianças imaturas reclamam do pai que não lhes dá tudo que desejam com incessantes pedidos, acham que seu pai é duro por não atender a todos os sonhos e desejos do coração delas. A cobiça, diz Paulo, é idolatria. Evidentemente, o apóstolo queria destacar a destronização de Deus na vida e a entronização do dinheiro e das posses em seu lugar.

A verdadeira fé fomenta uma visão muito diferente de Deus. O contentamento de Paulo se resumia na declaração: "O meu Deus suprirá todas as necessidades de vocês, de acordo com as suas gloriosas riquezas em Cristo Jesus" (Fp 4.19). A cobiça trata de buscar mais que o suprimento das necessidades que Deus promete conceder. Pode exigir dependência nas promessas de Cristo: "Por isso lhes digo, peçam, e lhes será dado; busquem, e encontrarão, batam, e a porta lhes será aberta" (Lc 11.9). Tiago se refere à avareza: "Vocês cobiçam coisas e não as têm, matam e invejam, mas não conseguem obter o que desejam [...] Não têm, porque não pedem. Quando pedem, não recebem, pois pedem por motivos errados, para gastar em seus prazeres" (Tg 4.2,3). Ele não hesita em mostrar a pecaminosidade de cobiçar o que não precisamos e desacreditar na bondade do Pai que sabe do que precisamos antes de o pedirmos.

No mundo ocidental, em que o consumismo é alimentado de modo constante pela propaganda da mídia, a tentação para a avareza nos ameaça sem trégua. Um médico escritor desenvolveu o tema prevendo um futuro em que apenas uma palavra destruirá a humanidade. Essa palavra é escrita com apenas quatro letras: "MAIS". Ela fala da avareza do consumismo dos habitantes da terra, insatisfeitos com o que têm. Querem um aumento do salário que daria para comprar um carro, ou um veículo melhor. Querem um apartamento maior, roupas mais atraentes, melhor comida, mais dinheiro para festas e entretenimento. Enfim, a população do mundo, que ultrapassa sete bilhões de habitantes quer mais do "bolo" dos produtos retirados da terra. Almejam ter o que a classe mais alta já possui, ignorando o fato de que não é possível consumir como o primeiro mundo sem ultrapassar os limites. Afinal, o mundo que tem o mesmo tamanho desde o momento em que Adão e Eva eram os únicos habitantes da terra não aguentará o peso do consumo que os seres humanos querem possuir.

A população do mundo, que dobrou durante o período da minha existência, continua crescendo. A Bíblia prediz o período da história em que Jesus abrirá o terceiro selo do cavalo preto que representa a falta de produtos essências para manter a vida. Isso criará fome generalizada, mesmo tendo produtos de luxo como azeite e vinho (Ap 6.5,6). Quanto tempo passará antes de essa calamidade assolar a terra? Só a fé séria, bíblica, no Deus soberano, é capaz de evitar a tentação da avareza e viver de maneira simples como o apóstolo Paulo vivia. Disse ele: "Aprendi o segredo de viver contente em toda e qualquer situação, seja bem alimentado, seja com fome, tendo muito, ou passando necessidade. Tudo posso naquele que me fortalece" (Fp 4.12,13).

CAPÍTULO 6

Amargura

Este mal mostra que não perdoamos alguém que nos prejudicou ou ofendeu. Os pecados do ressentimento e da amargura crescem como ervas daninhas no jardim do coração daquele que, sendo injustiçado, guarda a atitude de rejeição contra outra pessoa. Creio que Deus deu aos homens esse sentimento de justiça gravado no coração. Quem quebra a lei deve sofrer a justa punição. Quando a injustiça nos atinge em nível pessoal, doe.

Quando o indivíduo toma um dinheiro emprestado, prometendo solenemente devolver a quantia dentro do prazo combinado, mas não cumpre sua palavra, a reação natural é de que fomos vítimas de injustiça. Isso gera de modo natural o sentimento de amargura contra a pessoa que não cumpriu sua palavra. Deixa em nós o mesmo sentimento quando um criminoso quebra uma lei do Estado e aproveita a impunidade para assaltar vítimas e se esconder da lei. Pior ainda são os casos em que o suborno "compra" o perdão não merecido.

Todo homem calcula o prejuízo que sofreu e o merecimento de um trato diferente. Dessa maneira, o culpado cria um sentimento de amargura na pessoa ofendida e prejudicada. Não havendo qualquer maneira de forçar o culpado a pagar o que deve, deixa ressentimento no íntimo de quem confiou nele. Se o culpado sofre o necessário para "pagar" o crime, o injustiçado se sente aliviado. Caso contrário, a vítima mantém o ressentimento e a vontade de se vingar.

Há uma saída da amargura pela porta do perdão. Jesus contou a parábola do servo incompassivo (Mt 18.23-35) para destacar a importância de vencer este pecado. Pedro perguntou se perdoar o ofensor sete vezes não seria suficiente para satisfazer a exigência divina de perdão. Jesus respondeu: "Eu lhe digo: Não até sete, mas até setenta vezes sete" (Mt 18.22). Em seguida contou a história de um rei que queria acertar contas com seus servos. Um deles tinha uma dívida de dez mil talentos (cada talento de prata pesava mais de 30 quilos). Demoraria quinze anos para um lavrador ganhar o equivalente a um talento. Uma vez que o devedor não dispunha de condições de pagar a soma astronômica de dez mil talentos, o rei mandou que fosse vendido junto com a esposa e os filhos para saldar a dívida. Diante dessa perspectiva, o servo prostrou-se e implorou paciência ao credor até poder pagar a soma. Diante da impossibilidade do servo pagar se quer uma fração da dívida, o rei credor, movido pela compaixão, o perdoou.

Mas a parábola passa a mostrar a atitude do servo perdoado diante do conservo que devia apenas 100 denários, o equivalente ao salário de 100 dias de trabalho de um lavrador. Quando este último pediu compaixão e paciência para receber integralmente a quantia devida, o primeiro devedor mandou lançar o conservo na prisão até pagar sua dívida. Ao ouvir da maneira que este servo tratou o outro servo, o rei revogou o perdão oferecido, dizendo o seguinte: "Servo mau, cancelei toda a sua dívida porque você me implorou. Você não devia ter tido misericórdia do seu conservo como eu tive de você?" (Mt 18.33). Jesus concluiu a parábola da seguinte forma: "Assim também lhes fará meu Pai celestial, se cada um de vocês não perdoar de coração a seu irmão" (v. 35). Não podemos deixar de reconhecer a incoerência de qualquer cristão guardar amargura no coração diante do castigo eterno que ele merece.

Jesus frisou essa mesma verdade na conclusão do "Pai Nosso" em Mateus: "Pois se perdoarem as ofensas uns dos outros, o Pai celestial também lhes perdoará. Mas se não perdoarem uns aos outros, o Pai celestial não lhes perdoará as ofensas" (Mt 6.14,15). Nossa preciosa salvação exigiu da parte de Deus o imensurável sofrimento de Jesus, o amado Filho, para nos justificar. Ele perdoou nossa dívida de modo total; portanto, como poderemos manter uma atitude de ressentimento contra o conservo que nos deve infinitamente menos que a dívida criada pelo nosso pecado? Por baixo da amargura contra o irmão se encontra a incredulidade.

Paulo escreveu aos romanos que a vingança contra a injustiça é prerrogativa divina (Rm 12.19). Deus disse: "Eu retribuirei", portanto, percebemos que a falta de perdão livre aos irmãos é uma demonstração de incredulidade. Desacredita que Deus cumprirá sua Palavra.[5]

---

[5] D. Fuller, *op.cit.*, p. 288

A pessoa que vive a fé bíblica sente prazer em alimentar o inimigo com fome, e se ele tiver sede, lhe oferecerá algo de beber (Rm 12.20; Pv 25.21,22). Essa é a atitude que Deus espera dos filhos que almejam imitar o Pai. Parece-me que entre nós, cristãos evangélicos, falta a consciência da seriedade do pecado de não perdoar. Que outra explicação haveria para o crescente número de separações e divórcios? Se no casamento, os cônjuges são cristãos comprometidos com Cristo como Senhor de sua vida, como entender a rejeição e falta de perdão por alguma ofensa cometida por algum deles? Perdoar com sinceridade deve ser a marca da fé cristã genuína.

CAPÍTULO 7

Ira

"Livrem-se d[a] [...] ira" (Ef 4.31). Esta ordem de Deus proíbe a atitude que não rara reside no coração do filho de Deus. Paulo disse: "Quando vocês ficarem irados, não pequem. Apazíguem a sua ira antes que o sol se ponha, e não deem lugar ao Diabo" (Ef 4.26,27). Esta atitude negativa pode ser positiva se for pelo mesmo motivo que Deus fica irado. A ira contra o pecado deve ser positiva. Jesus mostrou sua ira quando reagiu contra os aproveitadores no pátio do templo, que compravam e vendiam animais para os sacrifícios (Jo 2). A ira de Deus se ascende, provocada pela injustiça dos homens, que tratam suas criaturas de forma injusta: "A ira de Deus é revelada dos céus contra toda impiedade e injustiça dos homens que suprimem a verdade pela injustiça" (Rm 1.18). Seria uma virtude se nós fôssemos como Deus, santos e sem mácula sentir a ira pela injustiça que os homens maus praticam no mundo. É natural ficarmos irados contra os males e as injustiças perpetrados por homens imorais — males que se espalham no mundo de maneira cada vez mais frequente. Deus não condena seus filhos por sentir indignação diante das injustiças praticadas contra pessoas inocentes.

Sentir ira contra quem age com injustiça é algo natural, porém, Jesus disse: "Bem-aventurados serão vocês quando, por minha causa, os insultarem, os perseguirem e levantarem todo tipo de calúnia contra vocês. Alegrem-se e regozijem-se, porque grande é a sua recompensa nos céus [...]" (Mt 5.11,12*a*). O Senhor manda que seus seguidores amem os inimigos. Não é nada fácil cumprir a exigência de retirar a ira do coração. Nossa natureza caída, adâmica, reage de modo natural contra a pessoa que nos prejudica, em especial quando se trata de algo premeditado ou deliberado. Jesus foi objeto do ódio e da ira dos pecadores, mesmo assim, orou ao Pai, pedindo que ele os perdoasse.

Qual, então, seria a ira que o Senhor proíbe para nós que estamos comprometidos com o cumprimento da Lei de amor? Somos proibidos de sentir ira quando somos prejudicados pelas pessoas mundanas que odeiam a Deus e as boas-novas que semeamos. A perseguição de modo natural cria a ira contra torturadores e assassinos de crentes inocentes. Na Coreia do Norte, os campos de concentração contêm, pelos milhares, cristãos comprometidos encarcerados. Os que não têm medo de abrir a boca e expressar sua fé verbalmente são sujeitos a tratamentos muito cruéis. A ira que a injustiça suscita é condenada pelo Senhor porque não é uma atitude amorosa. Jesus, no sermão do Monte, disse: "Vocês ouviram o que foi dito. 'Ame o seu próximo' e 'odeie o seu inimigo'. Mas eu lhe digo: 'Amem os seus inimigos e orem por aqueles que os perseguem, para que vocês venham a ser filhos de seu Pai que está nos céus' " (Mt 5.43-45). Quando a fé se torna rasa e a reação carnal provoca a ira, é a hora de se lembrar do que Jesus disse: "Bem-aventurados serão vocês quando, por minha causa, se insultarem, os perseguirem e levantarem todo tipo de calúnia contra vocês. Alegrem-se e regozijem-se, porque grande é a sua recompensa nos céus, pois da mesma forma perseguiram os profetas que viveram antes de vocês" (Mt 5.11,12). Sem fé no Senhor Jesus Cristo e no seu ensino é impossível não ficar irado, muito irado, pela injustiça dos inimigos de Deus e dos seus filhos.

Na lista das obras da carne a palavra ira se encontra no plural, portanto, a melhor tradução seria "explosões" de ira. Uma pessoa com estopim curto pode sofrer de repetidas irrupções de ira. Outro perigo de estimular o desenvolvimento da natureza raivosa se torna claro na proibição de permitir que o sol se ponha sobre nossa ira (Ef 4.26). A ira guardada mais que doze horas pode se tornar permanente — ela torna o crente uma pessoa iracunda. Em vez de confiar em Deus, que nos cerca de bênçãos incontáveis, podemos nos tornar críticos e coléricos. A fé real e forte cria uma visão profunda de confiança de que tudo que acontece é uma "boa dádiva e dom perfeito" que desce do trono soberano de Deus para nosso bem. Só pela fé poderemos considerar motivo de "grande alegria o fato de passarmos por diversas provações" (Tg 1.2). A ira não convém aos filhos de Deus crentes com firmeza que "Deus faz com que todas as coisas cooperam para o bem daqueles que o amam, dos que foram chamados de acordo com o seu propósito" (Rm 8.28).

O relatório sobre Gerardo, pelo poeta cubano, Armando Valadares, na revista *Seleções*, demonstra o poder da fé para vencer a ira.

"Cada tarde, ao pôr do sol, a voz estridente do Irmão da Fé, como nós chamávamos Gerardo, o pregador protestante, ecoava pelos corredores chamando os homens para a orar e entoar hinos. Para parar as reuniões religiosas, os guardas entraram nas celas e nos espancaram, mas logo que iam embora, começávamos a orar e cantar de novo. Acima do tumulto, a voz do Irmão da Fé bradava: "Glória, Aleluia!".

O Irmão da Fé havia estado em La Cabanha e na Isla de los Pinos. Ele era seu mais comovente sermão; sempre nos animava, chamava-nos para as reuniões de oração, lavava as roupas dos enfermos e ajudava muitos homens a enfrentar a morte com força e serenidade. Acima de tudo ele nos ensinou a não odiar; todos os seus sermões incluíam essa mensagem.

Quando os guardas que bateram nele, os olhos do Irmão da Fé pareciam queimar; seus braços se abriram para o céu, parecendo trazer perdão para seus torturadores, e nós o ouvíamos gritar: 'Perdoa-lhes, Senhor, porque não sabem o que fazem'! Ele conseguiu de alguma forma transmitir sua fé para nós, mesmo nas circunstâncias mais desesperadoras, quando foi assassinado em Boniato em 1975, ainda perdoando seus atormentadores enquanto uma rajada de balas de metralhadora cortava seu peito."

CAPÍTULO 8

Inveja

Esta obra da carne está na lista em que Paulo contrasta atitudes do homem natural com o fruto do Espírito (Gl 5.19-23). É mais uma atitude de erva daninha que floresce no campo da incredulidade. O mandamento que condena esta atitude iníqua encontra-se em Gálatas 5.20: "Não sejamos presunçosos (outra versão tem, "Não o deixemos possuir de vanglória, provocando uns aos outros, tendo inveja uns dos outros" (RA).

Quando as circunstâncias da vida favorecem um irmão menos digno que nós (em nossa opinião), é natural sentir inveja. Provavelmente Pedro sentia inveja ao ouvir Jesus falar sobre o martírio que ele sofreria no futuro, ao passo que disse acerca de João: "Se eu quiser que ele permaneça vivo até que eu volte, o que lhe importa?" (Jo 21.22). Seria justo João escapar da agonizante crucificação que Pedro sofreria em Roma? Pela fé confiamos que Deus escolhe o que mais lhe glorifica.

Não temos o privilégio de escolher ou rejeitar qualquer sofrimento mandado por Deus. Ele não só tem o direito de planejar todas as circunstâncias de nossa existência, como garante que "os nossos sofrimentos leves e momentâneos estão produzindo para nós uma glória eterna que pesa mais do que todos eles" (2Co 4.17). Quem sofre mais por amor ao Senhor Jesus Cristo terá mais glória como recompensa futura. Para não sentirmos inveja, é preciso manter fé firme na promessa divina. Pedro escreveu aos novos cristãos na Ásia Menor: "Vocês foram regenerados, não de uma semente perecível, mas imperecível, por meio da palavra de Deus, viva e permanente [...] portanto, livrem-se de toda maldade e de todo engano, hipocrisia, inveja e toda espécie de maledicência" (1Pe 2.1).

Parece incrível, mas havia em Roma e Éfeso "crentes" que pregavam Cristo por inveja e rivalidade. Paulo afirma que esse impulso pecaminoso surgiu de "ambição egoísta e sem sinceridade, pensando que me pode causar sofrimento enquanto estou preso" (Fp 1.15,17). O apóstolo não se sentia atingido, uma vez que Cristo estava sendo pregado, mesmo por motivos pecaminosos (v.18).

Se esperarmos uma vida mais tranquila e próspera por causa da caminhada com Jesus, é possível que Deus espere de nós a certeza da fé que produz tranquilidade de espírito em meio a escassez, doença e perseguições. Asafe ventilou no salmo 73 a dificuldade de acompanhar a vida boa que os incrédulos levavam em contraste com os problemas que lhe assolaram a vida. "Quanto a mim, os meus pés quase tropeçaram [...] Pois tive inveja dos arrogantes quando vi a prosperidade desses ímpios" (Sl 73.2,3). Depois de comentar as vantagens recebidas pelos inimigos de Deus, admitiu que seu coração estava amargurado por causa da inveja sentida. No entanto, a prosperidade dos ímpios não perdura. O fim deles é nada bom ou invejável: "Os que te abandonam sem dúvida perecerão; tu destróis todos os infiéis" (v. 27). Asafe reafirmou seu compromisso com Deus, escrevendo: "Sempre estou contigo; tomas a minha mão direita e me susténs. Tu me diriges com o teu conselho, e depois me receberás com honras" (v. 24).

O salmo 37 também aborda o mesmo pecado da inveja da seguinte maneira: "Não se aborreça por causa dos homens maus, e não tenha inveja dos perversos, pois como o capim logo secarão, e como a relva verde logo murcharão. Confie no SENHOR e faça o bem, assim você habitará na terra e desfrutará segurança" (Sl 37.2,3). Sem dúvida, o salmista (Davi) entendeu a origem desse pecado na falta de fé que se fortalece na medida que a confiança no Senhor diminui.

"Deleite-se no SENHOR, e ele atenderá aos desejos do seu coração, confie nele, e ele agirá" (v. 4). Impossível é regozijar-se em Deus e ao mesmo tempo ficar lamentando o fato que ele não satisfaz suas ansiedades prementes. "Entregue o seu caminho ao SENHOR, confie nele, e ele agirá" (v. 5), de novo explica que vencer o ciúme e a inveja resulta da inclinação para o Senhor com a santa disposição de confiar, aconteça o que acontecer. Por isso "não se aborreça com o sucesso dos outros", descansando no Senhor e nas escolhas das circunstâncias da vida que ele manda (v. 7).

Tanto *phthonoi* (invejas) como *zelos* (ciúmes) estão na lista das obras da carne em Gálatas 5.20. John Piper acredita que a inveja é mais abrangente que o ciúme — de fato, uma subcategoria da inveja. Se essa opinião for correta, explicaria porque a Bíblia apresenta Deus com ciúmes da sua noiva ou esposa, Israel (Is 44.5; 62.5; Jr 3.1; Ez 16.8; Os 2.19,20).

Mas, no lar cristão, o ciúme cria um problema sério. Escreve o pr. Washington Roberto Nascimento: "O ciumento está sempre cobrando do cônjuge um comportamento diferente. Está sempre criticando a sua postura, bem como a postura das outras pessoas envolvidas. As atitudes do ciumento de crítica, cobrança, ridicularização e desconfiança poluem o ar da sua casa contribuindo para a sua expansão ou destruição total. Pois, como se pode conviver com alguém que está sempre se relacionando em termos de cobrança?".[6]

Importante seria notar que a palavra ciúme (*zelos*) têm um significado positivo em alguns casos e negativo em outros. Aqui (Gl 5) o contexto requer que entendamos o zelo no sentido negativo, como também em Atos 5.17 e Romanos 13.13. No sentido bom, confira a citação de Salmos 69.9 em João 2.17. Os judeus têm zelo por Deus, mas carecem de conhecimento, portanto, ele resulta em consequências negativas. A razão do erro dos judeus ao expressar seu zelo pelo Senhor está enraizada na falta de fé. A inveja (*phthonos*) jamais possui significado positivo; assim, ela nunca descreve o ciúme de Deus em relação a seu povo. O mal da inveja se fundamenta na convicção de que Deus não quer o melhor para nós. Ele é parcial, dando a outro(s) bênçãos que nós carecemos. A inveja, sem dúvida, tem raízes no solo da incredulidade.

---

[6] *Casal Feliz*, 4T86. 33

CAPÍTULO 9

Ciúme

Pode parecer estranho a Bíblia declarar que Deus é ciumento. Como o Deus absolutamente santo pode ser caracterizado pelo ciúme? Se entendêssemos o significado dessa designação, ela não deveria causar surpresa. O ciúme é um aspecto especial do amor divino em relação ao povo escolhido. Entendemos que o marido que ama de fato sua esposa sentiria ciúme se ela desse atenção especial a outro homem. Afinal, ele a pediu em casamento e que se tornasse com ele uma carne. Caso ela comece a mostrar desrespeito pela aliança mútua que fizeram, espera-se que o marido não aceite com tranquilidade sua falta de lealdade e amor.

Nos Dez Mandamentos, Deus declara: "Eu o SENHOR, o teu Deus, sou Deus zeloso (ciumento), que castigo os filhos pelos pecados de seus pais até a terceira e quarta geração daqueles que me desprezam" (Êx 20.5).

Este relacionamento se emprega na Bíblia para descrever a relação de Deus com o povo que ele adquiriu com o alto preço do sangue do Filho unigênito.

O ciúme pecaminoso é diferente. Trata-se do sentimento exagerado de posse. Se nós pertencemos a Deus como escravos comprados por ele, tudo que possuímos também lhe pertence. Portanto, se Deus quiser dar a um de seus filhos um dom ou privilégio por nós desejado, não temos o direito de nos queixar ou sentir lesados. A malícia dos irmãos de José foi provocada pelos ciúmes deles (Êx 37.11). Como não tinham temor do Senhor em seu coração, acharam que poderiam aniquilar o cumprimento dos sonhos de José, matando-o ou vendendo-o como escravo ao Egito. Estavam de todo equivocados.

CAPÍTULO 10

Cinismo

O cinismo é uma expressão gerada pela altivez e desprezo aos irmãos mais humildes ou de menos importância, olhando-se a partir da própria perspectiva. Essa atitude corrosiva precisa ser transformada, pois se trata da falta de respeito para com seres humanos criados à imagem de Deus, e demonstra incredulidade na Palavra — que ensina alcançar o amor divino todos os povos, as línguas e as nações.

Alguns casos dessa expressão pecaminosa são citados por João.

Os chefes dos sacerdotes e fariseus mandaram guardas do templo prenderem Jesus. Eles voltaram aos líderes sem trazer Jesus, explicando que "ninguém jamais falou da maneira como esse homem fala" (Jo 7.46). A reação cínica dos chefes dos sacerdotes e fariseus foi: "Será que vocês também foram enganados [...] Por acaso alguém das autoridades ou dos fariseus creu nele? Não! Mas essa ralé que nada entende da lei é maldita" (v. 47,48). Homens não crentes em Jesus Cristo como Unigênito de Deus têm satisfação em mostrar sua falta de fé com cinismo.

O rei Agripa reagiu de modo cínico quando Paulo apertou esse monarca com a pergunta a respeito da crença nos profetas. Suas palavras foram: "Você acha que em tão pouco tempo pode convencer-me a tornar-me cristão?" (At 26.27,28). A soberba do rei e o pouco valor dado a Paulo se revelam por meio da pergunta. Agripa II (neto do famoso rei Herodes, o Grande, que querendo matar o bebê Jesus, ordenou a morte de todas as crianças de menos de dois anos em Belém) queria que Paulo e as pessoas presentes entendessem que ele não era uma pessoa qualquer. Não seria alguém fácil de cooptar como troféu dos humildes e desprezados seguidores de Cristo.

Tiago chama a atenção de seus leitores sobre uma atitude cínica acerca do futuro: "Ouçam agora, vocês que dizem: 'Hoje ou amanhã iremos para esta ou aquela cidade, passaremos um ano ali, faremos negócios e ganharemos dinheiro'. Vocês nem sabem que lhes acontecerá amanhã!" (Tg 4.13). A atitude de superioridade de quem anuncia um plano sem reconhecer a insegurança da vida revela sua insensatez. Nossa vida não passa de um vapor que aparece e some pouco tempo depois. Reconhecer a dependência da vontade de Deus com humildade seria a única maneira de encarar o futuro incerto. Essa atitude demonstraria fé no Deus que domina os acontecimentos da história e da vida dos indivíduos. Quem não crê desse modo planeja suas atividades como as pessoas que não consideram a possibilidade de qualquer interferência divina nos acontecimentos. O "rei acaso" explica tudo que acontece no mundo. Assim os professores eruditos explicam a origem de todos os tipos de plantas e animais que, por fim, chegaram a produzir o ser humano depois de milhões incontáveis de anos, e se sentem muito superiores aos cristãos que acreditam na veracidade das Escrituras. O "acaso" explica todos os tipos de plantas e animais, todas as espécies de vida no mundo sem a interferência do Deus único, todo-poderoso e infinito em inteligência. Mesmo assim, o evolucionista olha com cinismo para o cristão e o considera "ingênuo", mal equipado mentalmente para entender como funciona a "seleção dos mais fortes", de acordo com Charles Darwin. (Mesmo sem poder apresentar um exemplo de uma espécie da criação no processo evolucionário passando de peixe para pássaro, ou de mosquito a abelha.)

O sarcasmo muitas vezes é parceiro do cinismo. Veja o caso de Jotão em Juízes 9.7-15; nessa fábula das árvores, um espinheiro fala: "O espinheiro disse às árvores, 'Se querem realmente ungir-me rei sobre vocês, venham abrigar-se à minha sombra, do contrário, sairá fogo do espinheiro e consumirá até os confins do Líbano!' ".

Deus usa esse meio para mostrar a falta de coerência do seu povo em Juízes 10.11-14. Alguns homens foram convocados por Mica para forçar os danitas a devolver os ídolos e o sacerdote sequestrados falaram em Juízes 18.22-24. Seria mais um caso de evidente desprezo de Mica e de sua força pequena, impossibilitada de vencer os danitas.

Mical falou com sarcasmo a Davi, seu marido, em 2Samuel 6.20: "Como o rei de Israel se destacou hoje, tirando o manto na frente das escravas de seus servos, como um homem vulgar!".

Elias usou sarcasmo para provocar os profetas de Baal sobre a incapacidade dessa divindade falsa de fazer fogo descer do céu. O "deus" criado pela mente dos ignorantes sidônios não mostrou sinal de vida ou poder em 1Reis 18.27.

O comandante do exército da Assíria empregou o sarcasmo e o direcionou a Ezequias e seus pobres soldados: "Aceite, pois, agora, o desafio de meu senhor, o rei da Assíria, 'Eu lhe darei dois mil cavalos, se você tiver cavaleiros para eles!'" (2Rs 18.23,24).

Notemos outro exemplo de sarcasmo empregado por Tobias, o inimigo de Neemias: "Pois que construam! Basta que uma raposa suba lá, para que esse muro de pedras desabe!" (Ne 4.3). Mais uma vez se trata de pecado nesse caso, um desafio de incrédulos desprovidos de confiança no Deus de Neemias.

CAPÍTULO 11

Impaciência

A tentação de agir com impaciência é bastante forte para quem vive nas grandes cidades. Não raro o trânsito impede o homem de negócios de correr para um encontro importante. Ele marca a hora na expectativa de que o trânsito não fique congestionado, porém, a esperança não se concretiza. Atrás do volante ele se torna cada vez mais agitado e impaciente. Dr. Fuller cita Isaias 50.10, 11 para mostrar como Deus pensa acerca da correria da cidade na busca pelo lucro e sucesso humanos: "...Que aquele que anda no escuro, que não tem luz alguma, confie no nome do Senhor e se apoie em seu Deus. Mas agora todos vocês que acendem fogo e fornecem a si mesmos tochas acesas, vão, andem na luz de seus fogos e das tochas que vocês acenderam. Vejam o que receberão da minha mão; vocês se deitarão atormentados". Para quem não tem paciência para esperar no Senhor e aguardar o tempo que ele controla, o descanso será atormentado: "Parem de lutar! Saibam que eu sou Deus!" (Sl 46.10), capta o espírito bíblico. Conhecer a Deus como ele de fato é, o Deus todo-poderoso, que nos proporciona inteligência, oportunidades, recursos, portas abertas e alvos, é o Deus que nos criou com o propósito de "fazermos boas obras, as quais Deus preparou antes para nós as praticarmos" (Ef 2.10). Se crermos que a declaração de Paulo foi inspirada por Deus, porque nos agitarmos com a impaciência característica dos profissionais que vivem de todo desligados de Deus?

Não é notável que Jesus jamais demonstrou pressa ou impaciência. Nunca negou assistência aos marginalizados, às criancinhas e mulheres. Não foi Deus que deixou o apóstolo Paulo dez anos em Tarso, aguardando o convite de Barnabé para dar início ao ministério? Não foi o brilhante Paulo que ficou preso em Cesareia dois anos e mais dois anos em Roma, aguardando a sentença que o colocaria em liberdade para continuar seu ministério abençoado? Como Paulo aprendeu "o segredo de viver contente em toda e qualquer situação" (Fp 4.12*b*)? A única resposta correta é sua fé. Ele confiava de forma plena no Deus que administra com absoluta segurança tudo que acontece.

Abrão, escolhido por Deus para receber as promessas, ícone de fé no Antigo Testamento, recebeu uma promessa solene de Deus que seu servo Eliézer não seria seu herdeiro (Gn 15.4), e sim o filho gerado por ele e nascido de sua esposa Sara. Como Sara percebia que a possibilidade de gerar um filho acabara, disse para seu marido: "Já que o SENHOR me impediu de ter filhos, possua a minha serva; talvez eu possa formar família por meio dela" (Gn 16.2). Abrão concordou com o plano de Sara, tomou Hagar como concubina e teve o filho que chamou Ismael. O desdobramento da falta de fé de Sara, e possivelmente de Abrão, resultou nos conflitos que, durante séculos dividem árabes e judeus. Quando falta fé, a impaciência reina.

Mais um caso desastroso de impaciência ocorreu na vida de Saul. Ele entendeu que não poderia enfrentar o poderoso exército de filisteus, e decidiu oferecer o holocausto e os sacrifícios de comunhão que apenas Samuel recebera autorização para oferecer. Esperou sete dias, o prazo estipulado por Samuel, mas o profeta sacerdotal não chegou. Sentiu-se pressionado pelo exército que começou a se dispersar (1Sm 13.8-10). Mas sua arrojada ação foi tolice. Samuel lhe pronunciou as consequências da desobediência. Seu reinado que poderia ter sido estabelecido para sempre, "agora [...] não permanecerá" (1Sm 13.13,14).

A impaciência se alimenta da incredulidade. Muitas vezes oramos, mas a resposta não surge no prazo desejado ou esperado. A expectativa do livramento imediato nos decepciona. Concluímos que Deus não nos ouviu, ou pior: não escuta ou responde à oração. A impaciência muitas vezes provoca uma decisão mal pensada, sem planejamento.

Considerem "os escarnecedores zombando e seguindo suas próprias paixões. Eles dirão: 'O que houve com a promessa da sua vinda? Desde que os antepassados morreram, tudo continua como desde o princípio da criação' " (2Pe 3.4). Os descrentes acham que a paciência de Deus é uma falsidade: "O Senhor não demora em cumprir a sua promessa, como julgam alguns. Ao contrário, ele é paciente com vocês, não querendo que ninguém pereça, mas que todos cheguem ao arrependimento" (2Pe 3.9). Ainda há muitos povos que não tem sequer um missionário que fale sua língua e anuncie as boas-novas de salvação para eles. A paciência de Deus leva em conta nossa relutância em nos sacrificar para oferecer a oportunidade para todos os povos e línguas para conhecer o caminho da vida.

CAPÍTULO 12

Desespero e desânimo

De maneira contrária ao espírito agitado e impaciente, essa atitude surge no coração quando os problemas se avolumam e o esforço extraordinário, empregado para vencer uma barreira, não surte efeito. A tentação do Diabo para desistir não será vencida apenas pelo esforço humano. O desânimo torna o servo do Senhor apático. Desiste de se esforçar e abandona o projeto.

Pense bem no pai que trouxe o filho endemoninhado aos discípulos que, com certeza, gastaram muita energia no intuito de expulsar esse emissário das hostes inimigas enviado por Satanás. Seus mais cansativos esforços não resultaram em nada além do aumento do desânimo do pai (Mc 9.18).

Pode-se detectar o desespero do pai quando trouxe seu filho para Jesus e disse: "Se podes fazer alguma coisa, tem compaixão de nós e ajuda-nos". Jesus repetiu a frase: "Se podes?" "Tudo é possível àquele que crê."

Jesus ficou de tal maneira irado com os nove discípulos que tentaram expulsar o demônio que, exasperado, disse: "Ó geração incrédula, até quando terei que suportá-los?"

(v. 19). Nenhuma dúvida deve pairar em nossa mente: a razão das tentativas de não conseguirem tirar o invasor satânico no menino foi a incredulidade dos discípulos. E nós, que temos enfrentado barreiras instransponíveis, com nenhum resultado perceptível, depois de clamar, jejuar e chorar diante de Deus para uma solução? A atitude de desistência e sentimento de desespero não seria justificável? Se nós nos aproximarmos de Deus com uma fé da resistência de teia de aranha, é de esperar que logo desistamos e percamos o ânimo.

O perigo que o autor de Hebreus notou na igreja dos cristãos judeus destinatários foi a perda de ânimo. Ele escreveu: "Lembrem-se dos primeiros dias depois que vocês foram iluminados quando suportaram muita luta e muito sofrimento. Algumas vezes vocês foram expostos a insultos e tribulações; em outras ocasiões fizeram-se solidários com os que assim foram tratados. Vocês compadeceram dos que estavam na prisão e aceitaram alegremente o confisco dos seus próprios bens, pois sabiam que possuíam bens superiores e permanentes. Por isso, não abram mão da confiança que vocês têm, ela será ricamente recompensada. Vocês precisam perseverar, de modo que quando tiverem feito a vontade de Deus, recebam o que ele prometeu" (Hb 10.32-36). Não será necessária muita concentração para concluir que esses irmãos estavam em perigo de desistir se não tivessem a fé robusta.

Davi anima seus leitores com a esperança: "Tu me farás conhecer a vereda da vida, a alegria plena da tua presença, eterno prazer à tua direita" (Sl 16.11). A fé não experimentada todos os dias, da natureza que Davi descreve, é condenada a enfraquecer e se tornar lânguida.

Quando a fé não se renova diariamente com a adoração e a alegria na presença do Senhor, ela não se fortalece para enfrentar as provações que nos assolam.

Não podemos saber como os irmãos da Coreia do Norte conseguem manter a fé nos campos de concentração em que suportam opressão e abusos inconcebíveis. Seus sofrimentos são indescritíveis: torturas, fome, frio de temperaturas muito abaixo de zero sem os agasalhos necessários. Mesmo assim, não desistem. O descanso do Senhor oferecido a todos os cansados e sobrecarregados, que carregam o jugo do Senhor e aprendem de Cristo, se explica de forma única na suficiência da graça que Deus dispensa aos seus amados filhos.

Jeremias, sujeito à opressão e às torturas, teve que arcar com o descaso do povo de Jerusalém diante de suas declarações da palavra do Senhor. Mesmo assim, escreveu: "Graças ao grande amor do Senhor é que não somos consumidos, pois as suas misericórdias são inesgotáveis. Renovam-se cada manhã; grande é a sua fidelidade! Digo a mim mesmo: A minha porção é o Senhor; portanto, nele porei a minha esperança" (Lm 3.22-24). Jeremias passou pela cerca de Jerusalém imposta pelo exército de Nabucodonosor.

Sua mensagem foi rejeitada e as profecias falsas dos profetas mentirosos agradaram ao povo: "'Eles imaginam que os sonhos que contam uns aos outros farão o povo esquecer o meu nome, assim como os seus antepassados esqueceram o meu nome por causa de Baal. O profeta que tem um sonho, conte o sonho, e o que tem a minha palavra, fale a minha palavra com fidelidade. Pois o que tem a palha a ver com o trigo?', pergunta o Senhor. 'Não é minha palavra como fogo', pergunta o SENHOR, 'e como um martelo que despedaça a rocha?' " (Jr 23.26-29).

Paulo sofreu a dor e a vergonha causadas pelo espinho na carne que foi tão incômodo que pediu três vezes que o Senhor o removesse. Mas em vez de tirá-lo, mandou Paulo descansar no leito de sua graça: "Minha graça é suficiente para você, pois o meu poder se aperfeiçoa na fraqueza" (2Co 12.9). A graça, no entanto, se baseia apenas na fé; portanto, o solo em que a graça cresce fica no coração repleto de fé. Uma vez que o apóstolo soube a razão do espinho, não reclamou mais. Com a promessa da graça sobejante de Deus, ele se sentiu fortalecido para enfrentar o sofrimento que manteria seu espírito humilde e submisso. Isso, por fim, expulsou todo o sentimento de desespero.

CAPÍTULO 13

Vergonha

A vergonha cresce na tentativa de manter o respeito próprio em uma situação de desprezo. A estima de outras pessoas, com a qual interpretamos ou calculamos nosso valor como pessoa respeitável, desempenha um grande papel no nosso sentimento de bem-estar. A felicidade, na maioria dos casos, depende do sentimento interno de que as pessoas nos valorizam e nos tratam com respeito e deferência. Quando o oposto ocorre, o resultado provoca autocomiseração e depressão no indivíduo incauto ou inseguro. Tentamos nos restabelecer aos olhos do círculo de pessoas que nos respeitam com expressões de apreço e valorização.

Deus às vezes nos humilha por meio da vergonha. Comecei a estudar na escola de filhos de missionários em Capinota, Bolívia, depois de um ano de aprendizado em casa. Era orgulhoso e imaginava saber soletrar melhor que os outros dois ou três alunos do segundo ano. A primeira prova me deu a satisfação de poder mostrar aos colegas e a professora que era o melhor da classe. Soletrei cada palavra que a professora pronunciava. Entreguei a folha com a confiança que às vezes toma conta de quem ainda não soube avaliar a própria ignorância. A folha foi devolvida com a nota de 4,4. Minha vergonha ultrapassou a confiança pessoal anterior. Deus estava me mostrando que não era tão inteligente como imaginava.

O temor de ser envergonhado não raro se torna uma arma nas mãos do inimigo da alma do servo do Senhor. Tente imaginar como se sentiram os missionários John e Betty Stam, capturados pelas forças comunistas sob o comando de Mao Tsé-tung no interior da China. Foram-lhes oferecidas duas opões: negar a fé em Jesus Cristo de forma pública e serem deportados para a terra natal, ou declarar sua fé abertamente e serem decapitados. De forma corajosa, eles decidiram afirmar a fé. Os comunistas tiraram as roupas e os forçaram a caminhar vergonhosamente até outra cidade onde tiveram a cabeça decepada no dia 6 de dezembro de 1934. Como o Senhor Jesus "suportou a cruz, desprezando a vergonha" (Hb 12.2), o casal Stam manteve o respeito diante de milhões de cristãos que ouviram sobre seu corajoso testemunho de fé. Só Deus sabe que tamanha glória recompensará a coragem desses missionários.[7]

Sentir vergonha do nome "cristão" é pecado segundo o Senhor Jesus: "Quem, pois, me confessar diante dos homens, eu também o confessarei diante do meu Pai que está nos céus. Mas aquele que me negar diante dos homens, eu também o negarei diante do meu Pai que está nos céus" (Mt 10.32-22). Aqui se pode detectar a conexão entre a vergonha e a fé genuína. Muitas vezes Deus nos

---

[7] Leia mais sobre esta história da coragem do casal Stam no livro *Missões até os confins da terra* (São Paulo: Shedd Publicações, p. 488-92).

coloca em situações que provam nossa fé. Faltando a fé segura e a convicção profunda, somos capazes de vacilar e sentir vergonha em vez de declarar abertamente nossa confiança naquele que não se envergonhou de ser pendurado nu na cruz agonizante. Com razão Jesus disse que negaria os envergonhados dele diante do Pai.

A fé robusta não se envergonha dos fatos e meios da graça escolhidos por Deus para nos trazer a salvação. Mesmo que a maioria das pessoas ache o evangelho ridículo e mitológico, o crente fiel mantém a fé na Rocha eterna como o construtor prudente que erigiu sua casa sobre a rocha. Nenhuma força da tempestade, ou correnteza do rio transbordante, é capaz de derrubá-la. Paulo dispunha dessa segurança quando escreveu à igreja de Roma: "Não me envergonho do evangelho, porque é o poder de Deus para a salvação de todo aquele que crê: primeiro do judeu, depois do grego" (Rm 1.16). O apóstolo não sentiu nenhum acanhamento de falar de Cristo diante de todos os tipos de pessoas, de perseguidores a zombadores.

No sermão do Monte, Jesus afirmou: "Vocês são a luz do mundo. Não se pode esconder uma cidade construída sobre um monte. E, também, ninguém acende uma candeia e a coloca debaixo de uma vasilha. Ao contrário, coloca-a no lugar apropriado, e assim ilumina a todos os que estão na casa. Assim brilhe a luz de vocês diante dos homens para que vejam as suas boas obras e glorifiquem ao Pai de vocês que está nos céus" (Mt 5.14-16). A luz existe para iluminar e a fé existe para espalhar a verdade que salva sem nenhum embaraço. A luz debaixo da vasilha gasta o azeite sem fazer bem para ninguém. O testemunho escondido não divulga a verdade essencial para mostrar o caminho para céu. A vergonha esconde a luz e peca contra o mandamento do Senhor: "Brilhe sua luz" — não a apague.

A vergonha salutar é uma afirmação da fé que acompanha o verdadeiro arrependimento. Pedro acusou os presentes na área do templo no dia de Pentecoste de ter matado o Messias "com ajuda de homens perversos [...] pregando-o em uma cruz" (At 2.23). Não é difícil imaginar com que vergonha os arrependidos apelavam aos apóstolos assim: "Irmãos, que faremos?" (At 2.37). A aflição sentida, sem dúvida, foi provocada em parte pela vergonha de terem apoiado a crucificação de uma pessoa totalmente inocente, e que veio para lhes salvar.

O próprio apóstolo Paulo sentiu vergonha profunda por ter perseguido a igreja do Senhor Jesus Cristo. Seu arrependimento na estrada de Damasco lhe quebrantou o coração. Ele escreveu a Timóteo: "Cristo Jesus veio ao mundo para salvar pecadores, dos quais eu sou o pior" (1Tm 1.15). Ele só poderia se condenar como o pior dos pecadores se estivesse se referindo ao período em que perseguiu a igreja e promoveu a morte de Estêvão (At 7.58). Quando a vergonha falta ao criminoso pecador, ele fica impedido de se arrepender.

CAPÍTULO 14

Infelicidade

O cristão tem a obrigação de obedecer ao mandamento de Deus de se regozijar no Senhor sempre (Fp 4.4). Viver o contrário disso só pode ser considerado pecado de desobediência. O apóstolo Paulo escreveu da prisão em Éfeso ou Roma aos filipenses: "Alegrem-se sempre no Senhor. Novamente direi: Alegrem-se" (Fp 4.4). Ele não sugeriu nenhuma condição em que o leitor ficaria isento da necessidade de se alegrar. Após as torturas das excruciantes dores das varas que cortaram suas costas e com suas pernas presas na armação de madeira que segurava os condenados, Paulo e Silas cantavam hinos (At 16.25). Eles ficaram felizes a despeito de fortes razões para chorar e reclamar do sofrimento suportado pelos inocentes.

Sentir alegria no Senhor em meio às circunstâncias mais adversas requer fé de aço. Só o cristão que tem a mais absoluta certeza de que Deus escolheu todas as circunstâncias que assolam a vida para a glória dele e para o fortalecimento de sua fé poderá sentir felicidade na hora da dura provação.

Entre as mais espinhosas provações que Davi passou na vida, provavelmente nenhuma foi mais dura que a conspiração levantada por Absalão. Esse filho, amado com intensidade por Davi, persuadiu a maioria do povo de Israel de que ele seria um governante mais hábil que seu pai. Recrutou um exército para lutar contra o próprio pai. O rei fugiu para o deserto de Judá com os guerreiros que lhe permaneceram leais (cf. 2Sm 15). Em meio a essa experiência desoladora, Davi escreveu o salmo 63. Repare o tom da confiança em Deus nessa poesia:

> Ó Deus, tu és o meu Deus, eu te busco intensamente; a minha alma tem sede de ti! Todo o meu ser anseia por ti, numa terra seca, exausta e sem água. Quero contemplar-te no santuário e avistar o teu poder e a tua glória. O teu amor é melhor do que a vida! Por isso os meus lábios te exaltarão. Enquanto eu viver te bendirei e em teu nome levantarei as minhas mãos. A minha alma ficará satisfeita como quando tem rico banquete; com lábios jubilosos a minha boca te louvará (Sl 63.1-5).

O salmo confirma que Davi, nos momentos mais desesperadores, manteve a alegria no Senhor por causa de sua fé firme.

Isaías prediz que em um dia maravilhoso e futuro, o povo de Deus tirará com alegria água das fontes da salvação (Is 12.3): "Gritem bem alto e cantem de alegria, habitantes de Sião, pois grande é o Santo de Israel no meio de vocês" (Is 12.6). A possibilidade de se regozijar em meio às circunstâncias deprimentes demonstra que a fé do cristão não é espúria.

A fé de Davi foi um rio profundo do qual ele bebeu no tempo de sofrimento angustiante no deserto de Judá. Venceu a forte tentação de confiar nos homens para colocar a confiança apenas em Deus. A alegria no Senhor é assim. Quando não existe fonte humana de socorro, a confiança inabalável no Deus todo-poderoso se torna a obrigação do crente. Por isso, Paulo exorta os filipenses a se alegrarem no Senhor. E repete: "Novamente direi: Alegrem-se" (Fp 4.4)! Mesmo quando não temos motivos para nos alegrarmos na situação em que Deus nos colocou, a obrigação de nos regozijarmos nele permanece.

Nossa salvação ainda não está completa. Mas a habitação do Espírito Santo em nós é a garantia da nossa herança até a redenção de todos os que pertencem a Deus" (Ef 1.14).

A tristeza surge da falta de fé bíblica no fato de Deus planejar os acontecimentos da vida do cristão. A tristeza pode surgir em circunstâncias especiais. A tristeza do Senhor no jardim no Getsêmani consistiu na tristeza de antecipar a cruz como o mais angustiante sofrimento físico e espiritual, excedendo em muito qualquer sofrimento passado por qualquer ser humano: "A minha alma está profundamente triste, em uma tristeza mortal" (Mt 26.38). Lucas descreve essa hora assim: "Estando angustiado, ele orou ainda mais intensamente, e o seu suor era como gotas de sangue que caíam no chão" (Lc 22.44). A carta aos Hebreus nos informa que Jesus, "pela alegria que lhe fora proposta, suportou a cruz, desprezando a vergonha, e assentou-se a direita do trono de Deus" (Hb 12.2).

É possível juntar as duas expressões, tristeza e alegria, se pensarmos no sacrifício profundo que traz alegria em meio à tribulação, porque estamos certos de que o sofrimento será recompensado com benefícios incomparavelmente maiores que as dores precedentes à recompensa futura. O apóstolo afirmou essa verdade nas seguintes palavras: "Embora exteriormente estejamos a desgastar-nos, interiormente estamos sendo renovados dia após dia, pois os nossos sofrimentos leves e momentâneos estão produzindo para nós uma glória eterna que pesa mais do que todos eles" (2Co 4.16,17). Se Paulo não tivesse crido com firmeza nessa realidade, não acredito que ele ficaria feliz nas tribulações angustiantes pelas quais passou.

A infelicidade toma conta do coração dos cristãos que duvidam do valor de seu sofrimento para Deus. Se sua tristeza foi causada pelo efeito de uma ação pecaminosa — por exemplo, tentar enganar o fisco, ou tentar amenizar um castigo com propina — sofrerá as consequências do pecado, e sem dúvida sua alegria será diminuída. Mas, se pela fé reconhece que Deus aplica a disciplina com um propósito benéfico, poderá sentir a alegria de ter mais uma prova de que é, de fato, filho dele: "Deus nos disciplina para nosso bem, para que participemos da sua santidade" (Hb 12.10*b*).

Na lista das manifestações do fruto do Espírito, que é o amor *agape* (amor, singular que Deus derrama no coração de seus filhos, Rm 5.5), Paulo logo colocou "alegria". Por quê? Pelo fato de, sem amor, faltar o fruto da fé em Cristo. Deus inculca sua alegria de forma milagrosa no íntimo do coração do discípulo. No cenáculo, Jesus passou alguns dos mais preciosos ensinamentos. Um deles é o seguinte: "Tenho lhes dito estas palavras para que a minha alegria esteja em vocês e a alegria de vocês seja completa" (Jo 15.11).

O apóstolo Pedro escreveu as seguintes palavras em Roma — onde ele seria crucificado de cabeça para baixo quatro ou cinco anos depois: "Por um pouco de tempo, devam ser entristecidos por todo tipo de provação. Assim acontece para que fique comprovado que a fé que vocês têm, muito mais valiosa do que o ouro que perece, mesmo que refinado pelo fogo, é genuína e resultará em louvor, glória e honra, quando Jesus Cristo for revelado" (1Pe 1.6,7). Sem dúvida, o apóstolo Pedro mostra que a alegria surge no coração crente no Deus que manda sofrimento e tribulação para nos confirmar a fé.

CAPÍTULO 15

Infidelidade

O pecado da infidelidade cresce no coração da pessoa que desacredita que o cumprimento de uma promessa é obrigatório. Sua fé pode aceitar a obrigação de cumprir sua palavra de forma condicional, isto é, apenas se for conveniente. O jeitinho típico descansa no entendimento que uma promessa não cumprida somente seria pecado se for lavrado em um documento em cartório, devidamente assinado e selado. Em geral se pensa que uma mentirinha não ofende a Deus, portanto não deve ofender o ser humano.

Aiden Wilson Tozer declarou que a verdade mais importante a seu respeito é o que você pensa sobre Deus. Se ele é o Deus vivo, que não pode falhar, cumpre todas as suas promessas, seremos obrigados a concordar que mentir com a intenção de enganar, tem o carimbo do Diabo. Além disso, Deus não pode mentir (Jo 8.44). Jesus declarou que Satanás é o pai da mentira. Foi pelo engano da mentira que o Diabo convenceu Eva de que a palavra de Deus não era confiável. Deus prometera que comer do fruto da árvore do conhecimento do bem e do mal provocaria a morte. O Diabo disse à mulher: "Certamente não morrerão. Deus sabe que, no dia em que dele comerem, seus olhos se abrirão, e vocês, como Deus, serão conhecedores do bem e do mal" (Gn 3.4). Eva e Adão confiavam na palavra do inimigo e não em Deus. O resultado foi a Queda e a transformação do mundo no palco de toda espécie de mal: conflito, divórcios, desintegração da família, vícios, corrupção de governantes e incontáveis outros males. Deve ficar evidente a todos que acreditam na Bíblia que a mentira se encontra entre os pecados que mais prejudicam o homem sem Cristo, bem como quem, após a regeneração, procura viver de maneira íntegra.

Paulo escreveu aos efésios que deveriam abandonar a mentira e falar a verdade ao próximo, "pois todos nós somos membros de um mesmo corpo" (Ef 4.25). O olho que mente para as pernas causará o desastre de todo o corpo cair na fossa. Os ouvidos que mentem para o cérebro vão provocar problemas incontáveis de mal-entendidos.

Se o Espírito Santo é o Espírito da verdade, (Jo 16.13) entende-se perfeitamente porque ele fica ofendido quando um membro do corpo que ele habita, mente para outro membro. Como poderia a terceira pessoa da Trindade ser fonte do engano? Profecias que supostamente desvendam revelações acerca de acontecimentos futuros que não ocorrem não podem ser atribuídas ao Espírito Santo. Mentir seria uma maneira de questionar a presença do Espírito na pessoa mentirosa.

Abrão decidiu ir para o Egito para sobreviver em face da fome que assolava a terra prometida. Instruiu Sarai, uma mulher muito bonita, que mentisse ao chegar ao

Egito, afirmando que ela era a irmã de Abrão e não sua esposa. Assim, o faraó não mataria Abrão para somar Sarai a seu harém. O pecado da mentira, cometido por Abrão sobre o verdadeiro relacionamento com Sarai, criou uma dificuldade para o faraó e sua corte. Graves doenças acometeram os egípcios por causa de Sarai (Gn 12.17). Uma vez que o faraó descobriu a mentira de Sarai, mandou o patriarca embora. Seu testemunho de "pai da fé" havia sido comprometido.

A mentira não pode coexistir com a fé genuína, porque só a fé pode se manter quando se baseia com firmeza nas promessas divinas. Jesus cumpriu dezenas de promessas bíblicas na sua primeira vinda, em que sofreu na cruz para nos perdoar. Se não fosse verdade que Jesus ressuscitou dentre os mortos para nossa justificação (Rm 4.25), como poderíamos confiar em sua palavra? Várias vezes ele disse aos discípulos que sofreria ultraje e vergonha em Jerusalém, e depois seria crucificado. Após sua morte ele ressuscitaria e voltaria para o Pai. Pedro escreveu aos irmãos das cinco províncias da Ásia Menor que Deus nos regenerou para a "esperança viva, por meio da ressurreição de Jesus Cristo" (1Pe 1.3). Se Jesus mentiu, se ele não morreu de verdade e ressuscitou, não haveria qualquer possibilidade de Pedro alcançar uma esperança viva. Toda a antecipação acalentada no coração de vitória sobre a morte, seria uma piada de mau gosto. Paulo argumenta fortemente contra a mentira na carta aos coríntios para combater quem dizia que "não existe ressurreição dos mortos" (1Co 15.13). "Se Cristo não ressuscitou, é inútil a nossa pregação, como também é inútil a fé que vocês têm" (1Co 15.14). O fundamento inabalável do cristianismo ortodoxo é a confiabilidade dos escritores do Novo Testamento.

Honestidade e fidelidade são palavras básicas na descrição do caráter divino. A integridade de Deus é parte central de sua natureza. Um deus que promete, mas não cumpre o prometido seria uma ficção inventada pela cabeças de homens falhos e desonestos. Quando Paulo disse: "Sede imitadores de mim como eu sou de Cristo", sem dúvida pensava, acima de tudo, na fidelidade de Cristo. Que segurança teríamos para o futuro se Deus ocasionalmente não cumprisse sua palavra? As promessas bíblicas sobre a herança dos santos estariam em jogo. Felizmente, o cumprimento das muitas profecias no Antigo Testamento sobre a vinda do Messias, cumpridas no nascimento e vida, morte e ressurreição de Jesus confirmam a fidelidade das Escrituras.

O pecado da mentira, portanto, é mais sério do que muitos pensam. A falta de fé e confiança na condenação da falsidade, de acordo com a Palavra, se encontra no Apocalipse: "mas os covardes, os incrédulos, os depravados, os assassinos, os que cometem imoralidade sexual, os que praticam feitiçaria, os idólatras e todos os mentirosos — o lugar deles será no lago de fogo que arde com enxofre. Esta é a segunda morte" (Ap 21.8).

CAPÍTULO 16

Ressentimento

Muitas vezes, um dos pecados que se esconde no coração descrente de filhos de Deus é o ressentimento. Talvez a melhor definição seja: "Um sentimento de indignidade e desprezo por causa de uma ação considerada errada ou um insulto". Muitas vezes essa erva daninha cresce no coração do indivíduo que foi ofendido sem justificação razoável. Quando a ofensa for séria e a ferida profunda, pode-se esperar que o ressentimento dure mais tempo. É preciso reconhecer a pecaminosidade dessa atitude pelo fato de ela ignorar o controle divino de todos os acontecimentos na vida de seus filhos.

O propósito de Deus em todas as formas de tratar seus filhos sempre visa à santificação deles. Todos os males, em especial os que não provocamos por meio de erros próprios, têm esse propósito. Charles Haddon Spurgeon, do Tabernáculo Metropolitano de Londres, teve essa verdade em mente quando um cristão comentou com elogios a respeito de um "santo" que supostamente subira na escada da perfeição. Spurgeon lhe disse: "Vá e pise com força no dedão desse "santo". Se ele o abençoar, ele é mesmo um santo como você disse. Se ele o condenar, não será tão perfeito como você imagina".

Davi manteve um ressentimento profundo no coração contra Absalão por causa do assassinato de Amnom. Este violentara a irmã de Absalão, Tamar, também filha de Davi (2Sm 13). Criou-se assim um forte ressentimento no coração de Absalão contra Amnom, também filho de Davi (mas de outra mãe). Esse ressentimento no coração de cada um dos filhos de Davi foi o incentivo que provocou o assassinato de Amnom e, por fim, a morte de Absalão — banido da presença do rei Davi durante três anos, fato que criou o mal-estar no coração dele (2Sm 13.30-39). A consequência dos pecados cometidos criou o ressentimento mortal. Se os protagonistas tivessem se perdoado e criado um amor fraterno, muitas tragédias da família de Davi teriam sido evitadas.

O ódio guardado no coração do indivíduo ressentido contraria o mandamento de Cristo: "Amem os seus inimigos e orem por aqueles que os perseguem, para que vocês venham a ser filhos de seu pai que está nos céus. Porque ele faz raiar o seu sol sobre maus e bons e derrama chuva sobre justos e injustos" (Mt 5.44,45).

As vítimas de perseguições são especialmente vulneráveis à tentação do ressentimento contra seus perseguidores. Em uma edição antiga da revista *Seleções* (em inglês), havia um artigo escrito pelo poeta cubano Armando Valadares. Ele descreveu com detalhes extraordinários a reação de um pastor protestante chamado Gerardo que foi encarcerado junto com ele em Cuba. Quero citar umas linhas do artigo para mostrar como o ressentimento não é uma reação necessária, mesmo em casos de injustiça gritante:

> Cada tarde, ao pôr do sol, a voz estrondosa do "irmão da fé", como chamávamos Gerardo, o pregador protestante, ecoava pelos corredores chamando os homens à oração e ao cântico de hinos. Com o objetivo de parar as reuniões religiosas, os guardas entravam nas celas e nos espancaram, mas logo que iam embora, começávamos a orar e cantar de novo. Acima do tumulto, a voz do "irmão da fé" ecoava: "Glória, glória, Aleluia!".

O "irmão da fé" estivera em La Cabaña e Isla de los Pinos. Ele mesmo foi seu mais comovente sermão; sempre nos animava, chamando-nos para as reuniões de oração. Ele lavava as roupas dos enfermos — além de ter ajudado muitos homens a enfrentar a morte com força e serenidade. Acima de tudo, ensinou-nos a não odiar; todos os seus sermões traziam essa mensagem.

Quando os guardas o espancavam, os olhos do "irmão da fé" pareciam queimar; seus braços se abriam para o céu, parecendo trazer perdão aos torturadores, e nós o ouvíamos bradar: "Perdoa-lhes, Senhor, porque eles não sabem o que fazem!". Ele conseguiu, de alguma maneira, transmitir-nos a fé mesmo sob as circunstâncias mais desanimadoras. Ele foi assassinado em Boniato, no ano de 1975, e ainda estava perdoando seus atormentadores quando uma rajada de balas lhe atingiu o peito.

Eu não duvido de que esse irmão Gerardo tinha uma fé de aço, forte e real. Quem sofre como ele sofreu pela maldade de um governo injusto precisa ter uma fé que resista aos golpes mais fortes que o Diabo consiga desferir contra os filhos de Deus. O ressentimento não encontra lugar na alma do santo imunizado contra esse mal pela qualidade genuína de sua fé.

Não tenho condições para avaliar minunciosamente a contenda entre Paulo e Barnabé a respeito da presença de João Marcos, primo de Barnabé, na terceira viagem missionária. Paulo se opôs ao desejo de Barnabé. Até que ponto o apóstolo Paulo guardou algum ressentimento contra Marcos pelo dato de este ter abandonado os missionários na Panfília, na primeira viagem: "Tiveram um desentendimento tão sério que se separaram" (At 15.39). Quem estava com a razão? Não sabemos. Concluímos que Paulo não guardou rancor contra Marcos pelo resto da vida. Por volta do ano 60-61d.C., Paulo escreveu aos colossenses: "Aristarco, meu companheiro de prisão, envia-lhes saudações, bem como Marcos, primo de Barnabé. Vocês receberam instruções a respeito de Marcos, e se ele for visitá-los, recebam-no" (Cl 3.10). Na segunda prisão em Roma que antecipou a decapitação de Paulo, ele escreveu: "Traga Marcos com você, porque ele me é útil para o ministério" (2Tm 4.11*b*). Em Filemom 24, Paulo diz que Marcos, que está com ele na prisão, manda saudações. Esses trechos da Palavra confirmam que o ressentimento de Paulo foi de curta duração. Marcos se tornou um amigo e companheiro de valor para Paulo e também para Pedro. Foi ele o escritor do segundo evangelho — que tem abençoado as vidas de incontáveis milhões de pessoas. A fé vibrante tem a capacidade de livrar o coração do ressentimento. Espero que todos os que sofrem dessa erva daninha na alma sejam persuadidos a perdoar a quem os ofendeu e busquem um relacionamento de amor com eles.

CAPÍTULO 17

Reclamação e espírito murmurante

Os israelitas que saíram da escravidão no Egito tiveram grande dificuldade de apreciar sua liberdade até o ponto de agradecer a Deus e mostrar seu contentamento. O povo, logo que enfrentava alguma dificuldade, passava a reclamar. Quando o exército egípcio encurralou o povo junto ao mar Vermelho, os israelitas disseram a Moisés: "Foi por falta de túmulos no Egito que você nos trouxe para morrermos no deserto? O que você fez conosco, tirando-nos de lá? Já lhe tínhamos dito no Egito: Deixe-nos em paz! Seremos escravos dos egípcios!" (Êx 14.11,12).

Em Refidim não havia água para beber. A multidão se queixou a Moisés e exigiu: "Dê-nos água para beber" (Êx 17.2). Moisés respondeu: "Porque se queixam a mim? Porque colocam o Senhor à prova?". Moisés não tinha a responsabilidade de providenciar água para os sedentos. A falta de fé no Deus que operara milagres tão extraordinários se revelou mais uma vez. Como é difícil em circunstâncias avessas crer que Deus de fato solucionará o problema como ele fez em Refidim. A falta de fé da parte dos israelitas fica evidente no relato que segue.

Moisés "chamou aquele lugar Massá e Meribá, porque ali os israelitas reclamaram e puseram o SENHOR à prova, dizendo: 'O SENHOR está entre nós ou não?' " (Êx 17.7).

As Escrituras avaliam o espírito murmurante como endurecimento de coração e rebelião (Hb 3.8). Israel estava passando pela provação no deserto e tentou a Deus pondo-o à prova, apesar de, durante quarenta anos terem visto tudo que ele fez. Parece-me que a maior expressão desse espírito de reclamação se revelou na reação dos israelitas ao ouvir o relatório dos espias depois do reconhecimento da terra prometida por Deus a eles. Eles foram totalmente incapazes de acreditar que o Deus que os livrou da poderosa mão e exército do Egito lutaria por eles e lhes concederia a vitória.

Após o retorno dos espias e de ouvir o relatório deles se lê: "Naquela noite toda a comunidade começou a chorar em alta voz. Todos os israelitas queixaram-se contra Moisés e contra Arão, e toda a comunidade lhes disse: 'Quem dera tivéssemos morrido no Egito! Ou neste deserto!' " (Nm 14.2,3). O Senhor ficou irado contra aquela geração e disse: "O seu coração está sempre se desviando, e eles não reconheceram os meus caminhos" (Hb 3.10).

Como as dificuldades e os problemas na vida não se restringem aos israelitas, o autor de Hebreus escreve: "Cuidado, irmãos, para que nenhum de vocês tenha coração perverso e incrédulo, que se afaste do Deus vivo" (v. 12).

A melhor maneira de combater o espírito murmurante na igreja seria que todos se encorajassem todos os dias, "de modo que nenhum de vocês seja endurecido pelo engano do pecado, pois passamos a ser participantes de

Cristo, desde que, de fato, nos apeguemos até o fim à confiança que tivemos no princípio" (Hb 3.13,14). Nós chegamos a participar das bênçãos que Jesus adquiriu por nós na cruz só pela fé. A confiança enfraquecida e a fé doente ou moribunda reagem diante dos desafios da vida com reclamação e desespero. Elas acusam Deus de infidelidade e o põem à prova como os hebreus no deserto.

Inúmeras vezes as queixas de membros das comunidades são dirigidas aos pastores e à direção da igreja. Em alguns casos, os líderes são sem dúvida culpados. Mas em outros, as reclamações revelam apenas o espírito pecaminoso de cristãos que se desviam e não reconhecem os caminhos do Senhor (Hb 3.10). A única saída é o reconhecimento do pecado e o arrependimento sincero. Reclamar e imitar os israelitas que saíram do Egito com o corações incrédulo provoca a ira do Senhor. Pode-se esperar sua disciplina.

Já as comunidades em que os membros encorajam seus irmãos todos os dias com humildade imitam Josué e Calebe.

Disse o Senhor: "Como o meu servo Calebe tem outro espírito e me segue com integridade, eu o farei entrar na terra que foi observar, e seus descendentes a herdarão" (Nm 14.24).

A reclamação dos israelitas geralmente se expressou contra Moisés: "No deserto, toda a comunidade de Israel reclamou a Moisés e Arão. Disseram-lhes [...] 'Quem dera a mão do SENHOR nos tivesse matado no Egito! Lá nos sentávamos ao redor das panelas de carne e comíamos pão à vontade, mas vocês nos trouxeram a este deserto para fazer morrer de fome toda esta multidão!'" (Êx 16.5).

Reclamações como essa desencorajam qualquer líder que Deus coloca à frente de uma igreja, missão ou projeto. O pastor necessita de fé alicerçada em Deus para não desistir quando as reclamações se tornam generalizadas. No caso de Moisés e Arão, a condução dos israelitas à Terra Prometida foi um projeto decidido e planejado de forma total por Deus.

Os líderes humanos não passam de servos que cumprem ordens. Se eles não se recusam a continuar no comando do povo de Deus, cumprindo com paciência o papel que lhes foi entregue, podem contar com o sucesso do projeto. No entanto, se alguém "toma esta honra para si mesmo" sem o chamado de Deus (Hb 5.4), não deve pensar que seu esforço será abençoado por ele.

O apóstolo Paulo escreveu à igreja de Corinto a respeito de alguns líderes que prejudicavam a igreja com sua arrogância e se autoproclamavam "apóstolos": "Continuarei fazendo o que faço, a fim de não dar oportunidade àqueles que desejam encontrar ocasião de serem considerados iguais a nós nas coisas de que se orgulham. Pois tais homens são falsos apóstolos, obreiros enganosos, fingindo-se apóstolos de Cristo" (2Co 11.12,13).

Há reclamações legítimas e as que carecem de fundamento. Paulo reconheceu as falsas credenciais de alguns líderes para manipular a igreja a seu favor. O prejuízo poderá ser grande se não forem reconhecidos como falsos membros com intenções insinceras. A reclamação, portanto, pode ser expressa com o pleno aval de Deus ou pode consistir no pecado da incredulidade.

CAPÍTULO 18

Hipocrisia

Pedro escreveu: "Livrem-se de toda maldade e de todo engano, hipocrisia, inveja e toda espécie de maledicência" (1Pe 2.1). Devemos entender que a hipocrisia se aplica a alguém que, por fora, aparenta ser uma pessoa santa, consagrada e íntegra, mas às escondidas, e no íntimo, é o oposto. Jesus condenou repetidas vezes os fariseus de seus dias por serem hipócritas. Ele disse a respeito dos fariseus e mestres da Lei: "Tudo o que fazem é para serem vistos pelos homens" (Mt 23.5). "Obedeçam-lhes e façam tudo o que eles lhes dizem, mas não façam o que eles fazem, pois não praticam o que pregam" (Mt 23.3).

Essa palavra grega tem origem no teatro. O termo "hipocrisia" servia para descrever o ator que fingia ser outra pessoa. Era comum o ator colocar uma máscara para representar uma personagem qualquer. Alguém que, em uma peça teatral finge ser uma pessoa distinta da que é, seria "hipócrita". A sinceridade é o oposto da hipocrisia. Jesus advertiu: "Tenham cuidado com o fermento dos fariseus, que é hipocrisia" (Lc 12.1). Paulo, um fariseu transformado pela graça, se defendeu das acusações dos coríntios: "Ao contrário de muitos, não negociamos a palavra de Deus visando lucro, antes, em Cristo falamos diante de Deus com sinceridade, como homens enviados por Deus" (2Co 2.17). Sem dúvida, Deus cuida da escolha de seus mensageiros pelo fato de ele não se enganar. Não é possível mudar de personagem diante de Deus. Os fariseus consistiam no partido mais elogiado entre os judeus contemporâneos de Jesus. Como o fariseu que orou assim a Deus na parábola de Jesus: "Deus te agradeço porque não sou como os outros homens, ladrões, corruptos, adúlteros, nem mesmo como este publicano. Jejuo duas vezes por semana e dou o dízimo de tudo quanto ganho" (Lc 18.10-12). Enquanto o fariseu cheio de justiça própria recitava para Deus suas qualidades, o coletor de impostos bateu no peito e disse: "Deus tem misericórdia de mim, que sou pecador". O fariseu se considerava santo, enquanto o publicano reconhecia sua pecaminosidade e se arrependeu, rogando perdão a Deus. A hipocrisia pode cegar os olhos espirituais até o ponto de ofuscar por completo a culpa do hipócrita diante do Deus três vezes santo.

Uma prática pecaminosa, muito comum em nossos dias, diz respeito ao namoro. Quando um jovem declara seu amor à namorada com aparente sinceridade, mas não tem condições de se casar com ela e nem tem alguma intenção sincera de manter um relacionamento de longo prazo, age com hipocrisia. Não raro, jovens se apaixonam e procuram seduzir o objeto do seu desejo sem revelar as verdadeiras intenções. Também as moças podem agir do mesmo modo.

A pecaminosidade dessa prática deve ser reconhecida, as pessoas devem se arrepender dela e abandoná-la. Os jovens comprometidos com o amor derramado pelo Espírito no coração (Rm 5.5) devem ter mais cuidado com o efeito de palavras persuasivas, porém, enganosas. Jesus citou as palavras de Isaías, chamando de "hipócritas" os religiosos contemporâneos: "Este povo me honra com os lábios, mas o seu coração está longe de mim" (Mc 7.6 citando Is 29.13). Jesus com certeza condenaria o namoro insincero de jovens mundanos que procuram seduzir as jovens nas igrejas da atualidade.

Um caso de sinceridade extraordinária aconteceu na Rússia. O autor, Duduman, da Romênia, estava visitando uma igreja no dia do casamento de dois jovens — durante o domínio do comunismo. Ele relata a história de um jovem cristão russo que queria se casar, mas não sentia a direção com quem deveria se comprometer para o resto da vida. Teve uma ideia: Deus escolheria para ele se ele colocasse os nomes das comunidades evangélicas da cidade em um chapéu e depois de misturá-los, pegar um deles: aquela igreja seria de onde Deus lhe daria a esposa. O jovem se dirigiu à igreja sorteada e conversou com o pastor: a primeira moça com idade de casar que entrasse na igreja seria sua futura esposa. Entrou uma jovem agarrada ao braço da mãe porque era cega. Todos acharam que ele não se comprometeria em casamento com uma pessoa sem a esperança de jamais vê-lo, e tão prejudicada pela cegueira a ponto de não poder trabalhar ou ser sua auxiliadora.

Na cerimônia de casamento, depois de feitos os votos, o pastor convidou os presentes a orar com ele. Durante a oração, a jovem cega teve os olhos abertos e passou a enxergar seu marido com perfeição. Deus havia realizado um milagre jamais visto nessa região para a glória dele, e para honrar a sinceridade do jovem que prometeu se casar com a primeira moça que entrasse na igreja.

As promessas não cumpridas desonram o Senhor que nos comprou por tão alto preço. Quem promete orar pela pessoa aflita, mas logo se esquece de fazê-lo, age como hipócrita. Tiago aponta para essa falha no caráter dos cristãos que "ouvem a palavra, mas não a põe em prática. São semelhantes a um homem que olha a sua face em um espelho e, depois de olhar para si mesmo, sai e logo esquece a sua aparência" (Tg 1.23,24). Outros prometem frequentar a igreja, mas perdem o interesse por serem apenas espectadores e lhes faltar o compromisso genuíno. É fácil repetir palavras que aparentam dedicação, mas cumprir a promessa requer integridade, o oposto da hipocrisia.

A hipocrisia é um pecado que cresce na incredulidade, uma vez que não se crê que a avaliação da vida por Deus tenha tanto valor como a avaliação dos homens. Se entendêssemos que Deus vê o coração e não as práticas piedosas externas que têm a intenção de impressionar os homens, seriamos mais cautelosos. Parece que Jesus condenou a hipocrisia com mais intensidade que o próprio ato pecaminoso. A razão deve ser que o hipócrita engana a si mesmo sem perceber a necessidade de se arrepender ou pedir perdão. Facilmente se avalia pela aparência externa enquanto um pecado, reconhecido e condenando por todos, tem muito menos probabilidade de nos enganar. Mais fácil seria o pecador se arrepender de um adultério, ou de uma mentira que da falta de sinceridade.

Jesus, como já vimos, chamou a hipocrisia de "fermento", isto é, a transformação interna da massa por meio de uma ação invisível do fermento, "até toda a massa ficar fermentada" (Mt.13.33). Nessa comparação que Jesus fez do fermento com o crescimento do Reino dos céus ele pensava no efeito positivo do fermento. Queria destacar como a influência do Reino poderia permear toda a sociedade sem criar leis ou aplicar força externa. Os valores do Reino penetram no tecido da sociedade, transformando-a de maneira paulatina. Toda a sociedade pode mudar e alcançar um padrão moral melhor. Ainda não vemos esse processo em operação, mas quando nosso Senhor voltar em toda sua glória e estabelecer seu Reino, poderemos perceber a transformação predita por Habacuque: "Mas a terra se encherá do conhecimento da glória do SENHOR, como as águas enchem o mar" (2.14).

A hipocrisia se alia à soberba. Nas palavras de Jesus lemos: "Quando você der esmola, que a sua mão esquerda não saiba o que está fazendo a direita, de forma que você apresente a sua ajuda em segredo" (Mt 6.3). Evidentemente, a razão da exigência da manutenção das ofertas aos necessitados em sigilo não alimentaria o orgulho. Quando nossas boas obras são conhecidas e comentadas, a tentação para se orgulhar é grande. De fato, a visão de nós mesmos que desejamos repassar se alimenta na hipocrisia. Se praticarmos algum ato sacrificial para ser vistos pelos homens, os pecados da hipocrisia e da soberba ficarão evidentes.

Jesus condenou o jejum em que a pessoa não tinha o propósito de buscar a Deus com sinceridade, mas criar uma impressão de superespiritualidade. A motivação provavelmente era hipócrita e não sincera. A mulher gentia que se ajoelhou diante do Senhor na região de Tiro e Sidom, não foi motivada pela hipocrisia, mas pela preocupação sincera com a filha endemoninhada (Mt 15.21-28). Jesus percebeu a sinceridade do seu coração e disse: "Mulher, grande é sua fé! Seja conforme você deseja". Não se vê nenhuma hipocrisia no gesto dessa mulher gentia.

Quantas orações oferecidas nos cultos das igrejas evangélicas carecem de sinceridade! Acho que muitas delas têm um forte traço de hipocrisia. Quando as palavras são rebuscadas, diferentes das palavras usadas na comunicação com os irmãos no dia a dia, devemos cuidar da possibilidade de sermos hipócritas. Se o desejo de impressionar o auditório ultrapassa o desejo de glorificar a Deus, devemos concluir que somos hipócritas insinceros. Deus não recebe a glória que ele pretende com oratória e tentativas de procurar a glória dos homens. Jesus comentou a barreira que a preocupação com a glória oferecida pelos homens em vez da que Deus está pronto para nos dar (Jo 5.44).

Mais uma vez precisamos destacar que a fé atuante pelo amor (Gl 5.6) não pode ser hipócrita, porque não busca o reconhecimento vindo dos homens, mas a procedente de forma exclusiva do Senhor. Sem fé é impossível agradar a Deus, porém não a fé que só se expressa da boca para fora, mas a que deseja glorificar a Deus com sinceridade.

CAPÍTULO 19

Maledicência e fofoca

Estes pecados raras vezes provocam um sentimento de culpa. Falar mal de um irmão parece ter um lado positivo uma vez que são comentadas suas más ações para advertir o ouvinte a evitar a prática do pecado em discussão. Os comentários feitos a terceiros, às escondidas, têm a intenção de elevar nossa própria reputação pela comparação. Não seria com vistas ao fortalecimento do próprio bom nome que comentamos os erros dos outros? Acredito que sim!

Tiago declara de forma direta o perigo que corremos de ser julgados por Deus quando nós nos queixamos de nossos irmãos (Tg 5.9). De fato, Tiago, meio irmão de Jesus, está apenas repetindo o que Jesus disse no grande sermão do Monte: "Não julguem, para que vocês não sejam julgados" (Mt 7.1). Jesus também aponta para o risco: "Pois da mesma forma que julgarem, vocês serão julgados; e a medida que usarem também será usada para medir vocês" (v. 2). Se qualquer comentário sobre um irmão tem a intenção de aumentar nossa vanglória e autoestima, não há dúvida de que Deus não nos considerará inocentes.

Havendo pecado escondido no coração de um irmão, uma prática que não condiz com seu privilégio de ser membro do corpo de Cristo, a mais recomendável maneira de solucionar o problema seria ir diretamente para ele e apelar para seu arrependimento. Jesus disse: "Se o seu irmão pecar contra você, vá e, a sós com ele, mostra-lhe o erro. Se ele o ouvir, você ganhou seu irmão" (Mt 18.15). Se ele não quer ouvir ou abandonar seu pecado, um ou dois irmãos tentarão persuadi-lo de se livrar do pecado. Se ele continua recusando o apelo, o fato deve ser partilhado com a igreja. Se ele rejeitar o apelo da igreja deverá ser excluído da comunhão como se fosse um incrédulo. A disciplina da igreja não é o mesmo que fofoca ou maledicência (Mt 18.15-17). A intenção da disciplina é obter pureza e santidade na comunidade de Deus.

O pecado da maledicência cresce também na incredulidade. Comentários negativos acerca da vida de um irmão ou irmã se justificam com a incredulidade que Deus seja capaz de transformar pessoas imaturas, mal instruídas, ou espiritualmente relaxadas. As atitudes que provocam contendas e divisões entre os membros da família de Deus devem ser evitadas. Tudo que não edifica acaba por derrubar e dividir o corpo de Cristo.

E que dizer de acusações falsas que prejudicam a vida do cristão inocente? Esse mal foi sofrido por José na casa de Potifar (Gn 39). A esposa do oficial, depois de sofrer a humilhação de ser rejeitada por José ficou com muita raiva. A mulher de Potifar quis destruir José, acusando-o de tentar abusar dela. Ela conseguiu persuadir o marido a tirá-lo de casa e encarcerá-lo. Deus usou essa grande injustiça para exaltar José e salvar incontáveis vidas da fome. Cumpriu-se a mensagem profética dos seus sonhos e se reconciliar com seus irmãos.

Pedro manda seus leitores se livrarem de todo tipo de maledicência (1Pe 2.1). O fruto do Espírito é amabilidade e integridade. Evitar essa manifestação da carne se torna clara evidência de progresso na corrida para a santificação. Paulo exorta os colossenses (Cl 3.8) a se despirem da [...] "indignação, maldade, maledicência e linguagem indecente no falar". Essas atitudes do velho homem (a vida sem Cristo) devem ser substituídas por maneiras de falar que condizem com a conversa de uma família feliz e amorosa. Havendo o amor de Deus no coração, as antigas maneiras de falar acerca das pessoas devem mudar de todo.

A maledicência tem o objetivo de diminuir a pessoa sobre quem se fazem comentários. A igreja recebe todos os tipos de pessoas, todos os níveis de membros da sociedade em geral. Os membros da elite têm forte tendência de desprezar os indivíduos que tiveram menos oportunidades de subir na escada da sociedade. Possivelmente, não passaram em um vestibular, fechando a porta de estudo em uma universidade. A outros faltam os talentos e o preparo para trabalharem em um cargo mais bem remunerado. Tudo que oferece motivos para comentar as deficiências dos membros da família de Deus parece dar material para comentar com desprezo seus irmãos.

Jó chama a maledicência da "açoite da língua" (Jó 5.21). Seria difícil encontrar uma expressão mais acurada que essa. Aplicar palavras difamatórias à vida de um filho de Deus desonra o Pai e fere o filho. Por isso, Pedro inclui a maledicência entre os pecados que não são propícios para a boca do cristão. "Ouço muito cochicharem a meu respeito; o pavor me domina!", disse Davi em Salmos 31.13. Contra os ímpios o salmista escreve: "Eles despejam palavras arrogantes; todos esses malfeitores enchem-se se de vanglória" (Sl 94.4). "Farei calar ao que difama o próximo às ocultas" (Sl 101.5), fala do contexto dos "arrogantes e de coração orgulhoso". O pecado que sustenta a difamação como poucas exceções é o orgulho. O salmista escreveu em Salmos 119.69: "Os arrogantes mancharam o meu nome com mentiras, mas eu obedeço aos teus preceitos".

As vítimas da maledicência devem acreditar com fé inabalável que Deus "defenderá o seu povo e terá compaixão dos seus servos" (Sl 134.14).

Isaías também fala do fim de quem usa a língua para destruir os inocentes. "Será o fim do cruel, o zombador desaparecerá e todos os de olhos inclinados para o mal serão eliminados, os quais com uma palavra tornam réu o inocente, no tribunal [...] e com testemunho falso impedem que se faça justiça ao inocente" (Is 29.20,21). Assim a maledicência chega a ponto de tornar o inocente condenado e ser preso ou morto.

Quantos casamentos sofrem o abuso de palavras críticas e depreciativas. O cristão que quer honrar a Deus procura ficar longe dessa prática. Não é raro o marido ou a mulher deixar um bilhete que explica que não aguenta mais os comentários do cônjuge e por isso vai embora.

A vitória sobre esse pecado destrutivo pode ser vencida pela oração de fé no Deus que conhece todas as falhas e que as elimina. Tiago comenta tanto o poder destrutivo da língua (cap. 3) como o poder da oração: "A oração feita com fé curará o doente; o Senhor o levantará" (Tg 5.15). Seus pecados serão perdoados e com certeza será fortalecido para evitar esses impedimentos à vida santa na família e na igreja.

CAPÍTULO 20

Mentira e falso testemunho

Tanto Efésios e Colossenses condenam o pecado da mentira, tanto a apresentação do falso testemunho no tribunal, ou apenas a tentativa de escapar do julgamento de um irmão negando a verdade. Exagerar e distorcer os fatos ocorre muitas vezes para dar a impressão positiva de nosso sucesso. Nós nos esquecemos de promessas ou achamos que não há culpa se estivemos munidos de boas intenções. Considere o caso de Ananias e Safira, que perderam a vida de modo inesperado (At 5.1-11). Eles, afinal, não estavam se sacrificando para contribuir com uma oferta generosa? Deve ser claro que a mentira é repreensível ao Senhor: "Eu, o SENHOR, falo a verdade; eu anuncio o que é certo" (Is 45.19*b*). A própria natureza de Deus é verdade, portanto ele não pode mentir.[8]

Há casos em que se calcula que uma mentira pode nos livrar de uma tragédia ou a própria morte como pensava Abrão no Egito. O homem elogiado pela fé pensou que, por causa da beleza de Sarai, o faraó a tomaria para si e mataria Abrão (leia Gn 12.10-20). Por isso mandou Sarai dizer

---

[8] Cf. *Os mandamentos recíprocos*, cit. pr. Carlos Alberto de Barros Antunes.

que era sua irmã. Assim, pouparia a vida do peregrino na terra pagã do Egito. Essa mentira não produziu o efeito desejado. Logo o faraó descobriu que Sarai era mulher do patriarca. Ainda que fosse apenas mentira pela metade (Sarai, de fato, era meia-irmã de Abrão), a falsidade foi descoberta em tempo de evitar consequências mais desastrosas. A decisão errada de Abrão foi tomada por falta de fé e confiança no Senhor. O Deus soberano, como o único Deus, não precisa da ajuda de mentiras para alcançar seus objetivos.

Nossa cultura não favorece sempre a honestidade. Desde cedo na vida, as crianças são ameaçadas com o "monstro" que as pegará se forem desobedientes. Os pais raciocinam que é melhor amedrontar os filhos com ameaças falsas a permitir que ajam de modo que desagrada aos pais. E que dizer do "Papai Noel", que supostamente traz presentes de Natal para os pequenos filhos que não têm discernimento entre a realidade e falsidade? Não é de admirar as mentiras de menores que só se comprometem com a verdade quando percebem a gravidade da desobediência do mandamento do Senhor.

Cuidar de crianças com a "babá" eletrônica — a televisão ou outra fonte de entretenimento — suscita a mesma questão. Qual é o programa secular que tem o objetivo de ensinar a criança a nunca mentir? Poucas são as pessoas (incluindo-se crentes que estão "em plena comunhão com Deus e sua igreja") que temem a influência da mídia na criação de filhos sempre comprometidos com a verdade. Se, desde cedo na criação dos herdeiros, os pais não têm nenhuma preocupação com a necessidade de sempre falar a verdade, em todas as ocasiões, entende-se a facilidade com que os jovens e os adultos prometem o que não pretendem cumprir. A integridade se forma no lar, mas se o lar não cuidar dessa responsabilidade, o resultado sem dúvida não será a obediência aos preceitos de Deus.

Podem-se comunicar mentiras com palavras e ações. Devemos entender que a hipocrisia também é uma mentira. Transmitir a impressão errada sem dizer nada pertence à categoria da falsidade. Jesus condenou a hipocrisia dos orgulhosos fariseus que limpavam o exterior do copo e do prato, mas que por dentro estavam cheios de ganância e cobiça (Mt 23.26).

Esses religiosos davam uma boa impressão por suas ações enquanto o coração ficava cheio de rapina e amor ao dinheiro. Sua motivação era obter elogios dos homens.

Jesus os comparou a sepulcros caiados: "Bonitos por fora, mas por dentro cheios de ossos e de todo tipo de imundície" (Mt 23.27). Comunicar a um irmão ou a outra pessoa o que não corresponde à verdade com o intuito de enganar é mentira.

A mentira é abominação ao Senhor, pois o ofende — e ele é sempre, e de forma absoluta, verdadeiro (Sl 31.5). Balaão recebeu uma mensagem do Senhor para o rei Balaque: "Deus não é homem para que se arrependa. Acaso ele fala, e deixa de agir? Acaso promete, e deixa de cumprir?" (Nm 23.19). Ele não teve a liberdade de inventar uma mensagem que na verdade não veio do Senhor.

Jesus afirmou ser ele mesmo a "verdade" (Jo 14.6), querendo dizer com isso que todas as promessas que pronunciava não poderiam deixar de se cumprir. E que Jesus incorporava a mensagem da salvação que precisava ser abraçada pela fé. Conhecendo a verdade e permanecendo firmes nessa verdade que afirmava sua identidade como Filho de Deus, e a verdade sobre sua missão salvadora, os crentes seriam libertos (Jo 8.32). (Jesus revelou o caráter da sua missão que era a do Servo de Yahweh, descrita em Is 53: "Pois nem o Filho do homem veio para ser servido, mas para servir e dar a sua vida em resgate por muitos" [Mc 10.45]).

Paulo foi acusado por alguns irmãos da igreja de Corinto de ser mentiroso. O apóstolo havia planejado ir à Macedônia e voltar para Corinto, mas não o fez. Ele se defendeu da seguinte maneira: "Quando planejei isso, será que o fiz levianamente? Ou será que faço meus planos de maneira mundana, dizendo ao mesmo tempo 'sim' e 'não' "? (2Co 2.17). Paulo assegurou aos críticos que falhar em cumprir planos nem sempre se deve ao fato de alguém ser mentiroso, mas da incapacidade humana de prever o futuro. Enquanto confiamos de modo absoluto na fidelidade de Deus, nossos planos podem falhar por causa de interferências e imprevistos.

Tiago trata do mesmo problema assim: "Ouçam agora, vocês que dizem: 'Hoje ou manhã iremos para esta ou aquela cidade, passaremos um ano ali, faremos negócios e ganharemos dinheiro'. Vocês nem sabem o que lhes acontecerá amanhã! Que é a sua vida? Vocês são como a neblina que aparece por um pouco de tempo e depois se dissipa. Ao invés disso, deveriam dizer: 'Se o Senhor quiser, viveremos e faremos isto ou aquilo' " (Tg 4.13-15).

Apesar da sinceridade de nossas pretensões, sua realização que depende da vontade de Deus. Ele é soberano, de modo aquele que não pode mentir detém o controle sobre todos os acontecimentos e as situações que enfrentamos na vida. Convém, por isso, lembrar que sempre digamos ao planejar algo futuro: "Se o Senhor quiser".

O castigo da falsa testemunha deve ser severo porque as consequências podem ser péssimas: "A testemunha falsa não ficará sem castigo, e aquele que despeja mentiras não sairá livre" (Pv 19.5). Os falsos profetas foram uma praga na história de Israel. Jeremias enfrentou a incredulidade do rei Zedequias e do povo de Jerusalém por causa dos profetas que declaravam a libertação da cidade do cerco imposto por Nabucodonosor. Jeremias contestou as mentiras com a verdade: " 'O profeta [...] que tem a minha palavra, fale a minha palavra com fidelidade. Pois o que tem a palha a ver com o trigo? [...] Não é minha palavra como o fogo', pergunta o SENHOR, 'e como um martelo que despedaça a rocha?'" (Jr 23.28,29). Zedequias perdeu a visão ao ter os olhos furados e seus filhos foram mortos na frente dele porque ele não teve a fé necessária para distinguir a palavra de Deus das mentiras proferidas pelos falsos profetas.

A fé de Jeremias foi evidente como homem de Deus. Quem vive com integridade deve ser muito mais confiável que o profeta que declara uma profecia que não se cumpre.

CAPÍTULO 21

Rejeição da admoestação

Admoestação quer dizer advertência. Quando uma criança desobedece a uma das regras da família, o pai tem o dever de admoestar o filho e convencê-lo de que sua decisão de contrariar o padrão estabelecido terá consequências dolorosas. Paulo expressou sua confiança nos irmãos da igreja de Roma: "Meus irmãos, eu mesmo estou convencido de que vocês estão cheios de bondade e plenamente instruídos, sendo capazes de aconselhar-se uns aos outros" (Rm 15.14). Este versículo dá a impressão de que o ministério de admoestação ou aconselhamento consiste no dever de ensinar a todos os membros da igreja o padrão bíblico para seu comportamento. Os crentes devem conhecer as regras estabelecidas por Deus.

Em Colossenses encontramos a mesma preocupação: "Habite ricamente em vocês a palavra de Cristo, ensinem e aconselhem-se uns aos outros com toda a sabedoria" (Cl 3.16). Havendo pessoas que conhecem bem as Escrituras e aceitam a responsabilidade de discipular os membros da comunidade (a "edificação de si mesmo [isto é, da igreja] em amor, na medida que cada parte realiza a sua função", Ef 4.16*b*), elas procedem bem. Mas ocorre que no meio do rebanho do Senhor há membros que não aceitam a admoestação de seus irmãos. Esses indivíduos, muitas vezes, se orgulham de ter conhecimento e maturidade maiores que seu conselheiro ou pastor e criam um impasse diante da Palavra. O pecado reside no coração do membro que recusa a advertência do irmão. Cumpre o papel do tipo de pessoa que o livro de Provérbios chama de tolo — a pessoa sem bom senso, ou mesmo um ímpio. Faltando a plena convicção da fé, não se pode falar com segurança de seu destino final.

Disse Paulo aos irmãos da igreja de Corinto: "Falamos de sabedoria entre os que já têm maturidade" (1Co 2.6) enquanto os que "não têm o Espírito não aceitam as coisas que vêm do Espírito de Deus, pois lhe são loucura" (1Co 2.14). Havia também na igreja de Corinto irmãos imaturos, dominados pela inveja, agindo como mundanos (1Co 3.3). Paulo admite que sejam irmãos, mas apenas crianças em Cristo (1Co 3.1).

Havia outras pessoas na igreja com pouco respeito pela autoridade do apóstolo Paulo. Note a maneira que o inspirado servo de Deus chama esses homens: "falsos apóstolos, obreiros enganosos, fingindo-se apóstolos de Cristo" (2Co 11.13). Eles não eram líderes recomendáveis diante da ameaça das doutrinas e práticas falsas na igreja. Assemelhavam-se aos israelitas nos longos anos aguardando a hora de possuir a Terra Prometida.

O autor de Hebreus cita o salmo 95: "Hoje, se vocês ouvirem a sua voz, não endureçam o coração, como na rebelião, durante o tempo de provação no deserto, onde os seus antepassados me tentaram, pondo-me à prova, apesar de, durante quarenta anos, terem visto o que eu fiz.

Por isso fiquei irado contra aquela geração e disse: O seu coração está sempre se desviando, e eles não reconheceram os meus caminhos" (Hb 3.7b-10).

Com base na resistência do povo que saiu do Egito, o autor admoesta seus leitores: "Cuidado, irmãos, para que nenhum de vocês tenha coração perverso e incrédulo, que se afaste do Deus vivo. Ao contrário, encorajem-se uns aos outros todos os dias, durante o tempo que se chama 'hoje', de modo que nenhum de vocês seja endurecido pelo engano do pecado" (Hb 3.12,13). O livro de Hebreus reconhece que a necessidade de encorajamento diário se dá por causa da falta de fé genuína, forte e inabalável.

As parábolas estão repletas de admoestações. Jesus advertiu com seriedade os ouvintes que não praticam suas palavras depois de ouvi-las: "... é como um insensato que construiu a sua casa sobre a areia. Caiu a chuva, transbordaram os rios, sopraram os ventos e deram contra aquela casa, e ela caiu. E foi grande a sua queda" (Mt 7.26,27).

As parábolas de Mateus 13 advertem contra o coração endurecido de modo que a mensagem do evangelho não penetra nele. O Diabo age como os pássaros que comem a semente: "O Maligno vem e lhe arranca o que foi semeado em seu coração" (v. 19). Ainda que o ouvinte seja comparado a um terreno pedregoso, ele ouve a palavra com alegria, mas como não tem raiz em si mesmo, não permanece. A tribulação ou perseguição destrói a vontade de continuar seguindo o Senhor Jesus. Jesus adverte os que por causa da "preocupação desta vida e o engano das riquezas a sufocam, tornando-a infrutífera" (v. 22).

A "parábola das dez virgens" foi contada por Jesus para advertir sua igreja do perigo de concluir que, sendo a salvação pela graça, não há a necessidade de se preocupar com a santificação da vida. A volta do noivo (comparável à volta de Jesus) ocorre quando as virgens estão dormindo. Cinco delas tiveram óleo suficiente para suprir suas lâmpadas e cinco não. Foi tarde demais para obter o óleo necessário em tempo para participar da festa nupcial. Elas foram barradas no banquete por não terem se preparado para a chegada do noivo. Jesus reprovou o comodismo gerado pela fé superficial no coração de alguns "cristãos". Eles não entendem o tipo de compromisso com Cristo exigido pelo evangelho.

Jesus mostrou com clareza o que queria ensinar com a "figueira infrutífera" (Lc 13.6-9). O contexto da história revela o segredo de sua advertência: algumas contaram a Jesus dois acontecimentos trágicos: 1) Pilatos misturou o sangue de alguns galileus com o oferecimento de alguns sacrifícios, e 2) A tragédia dos dezoito que morreram quando caiu sobre eles a torre de Siloé. Jesus declarou que a verdadeira tragédia alcança a todos os que morrem sem se arrepender dos seus pecados e buscar o perdão divino oferecido por ele. Essa advertência se dirige a todos os que vivem sem se preparar para o encontro com Deus. Os acontecimentos trágicos noticiados todos os dias nas televisões e na internet são de pouca importância se comparados com as milhares de pessoas que morrem todos os dias sem a salvação que Cristo trouxe aos que creem.

Na "parábola do filho pródigo", Jesus queria ensinar que os pecadores arrependidos são mais bem-vindos à casa do Pai que os arrogantes fariseus que, por causa de sua suficiência e justificação próprias, se consideram candidatos aceitáveis diante de Deus. A atitude do filho mais velho fecha a porta do banquete celestial porque esse jovem não quer nenhum contato com o filho "pecador".

Jesus contou a "parábola do administrador astuto" (Lc 16.1-13) para avisar os ouvintes sobre a importância de evitar a avareza e a confiança nas riquezas. Elas são valorizadas nesta vida, mas pouco valor se dá às riquezas eternas. O administrador foi muito astuto ao decidir abrir mão do seu lucro dando o desconto na dívida dos arrendatários das terras por ele administradas. Por isso, o homem rico, dono das terras arrendadas, elogiou o administrador.

A "parábola do rico e de Lázaro" (Lc 16.19-31) contém uma advertência contundente contra o erro de imaginar que não haverá o juízo final em que Deus julgará os que viveram neste mundo como se não existisse outro. Paulo menciona essa filosofia de vida adotada por muitos incrédulos. Ele não acreditam na ressurreição e afirmam: "Comamos e bebamos, porque amanhã morreremos" (1Co 15.32). Essa vida sem o reconhecimento de Deus e de sua Lei recebe a condenação da rejeição eterna da misericórdia da parte de Deus no juízo final. Não há advertência mais assombrosa que essa.

A "parábola da viúva persistente" dirige sua admoestação a todos os filhos de Deus: não desistam com facilidade das orações e súplicas que os cristãos oprimidos e necessitados devem oferecer a Deus (Lc 18.1-8). Jesus contrasta o juiz que não teme a Deus e nem se importa com os homens; no entanto, com Deus não é assim. Mesmo que ele demore em responder aos pedidos dos fiéis, isso não quer dizer que ele não se importe com eles. Mantenham a fé e a esperança porque Deus lhes fará justiça, e depressa

(v. 8). As advertências das parábolas são para as duas divisões da humanidade: os que aceitaram a oferta da salvação pela fé no Senhor Jesus Cristo e os que rejeitam a oferta da vida eterna. A fé faz toda a diferença!

CAPÍTULO 22

Amor ao dinheiro

Este pecado, quase nunca confessado, se esconde no pensamento de que o dinheiro é uma das boas dádivas que desce do alto, concedida pelo Pai para nosso bem (Tg 1.17). Sobreviver sem dinheiro requer condições especiais, uma vez que o alimento para manter a vida e o abrigo necessário para aguentar a chuva e o frio são adquiridos com dinheiro. Sustenta o postulado que dinheiro não é um presente do Diabo, mas de Deus. Os prazeres e os incontáveis benefícios que Deus providencia para nossa satisfação e conforto são adquiridos com dinheiro. Enquanto a avareza descreve a pessoa que deseja muito dinheiro por causa do orgulho criado pela riqueza, o amor ao dinheiro diz mais respeito ao amor às coisas que o dinheiro pode comprar.

Paulo escreveu a Timóteo uma advertência séria: "Os que querem ficar ricos caem em tentação, em armadilhas e em muitos desejos descontrolados e nocivos, que levam os homens a mergulharem na ruína e na destruição, pois o amor ao dinheiro é a raiz de todos os males. Algumas pessoas, por cobiçarem o dinheiro, desviaram-se da fé e se atormentaram com muitos sofrimentos" (1Tm 6.9,10). Não podemos escapar da conclusão de que o amor ao dinheiro é pecado e a raiz de todos os tipos de males.

O amor ao dinheiro tem raízes no desejo de acumular tesouros na terra em vez de juntar tesouros no céu. O acúmulo da riqueza seduz o coração pela satisfação sentida pelo rico. Jesus alertou contra esse pecado ao revelar: "Onde estiver o seu tesouro, aí também estará o seu coração" (Mt 6.21). O primeiro mandamento: "Ame o Senhor, o seu Deus, de todo o seu coração, de toda a sua alma e de todas as suas forças" (Dt 6.5). Se o amor à riqueza ocupa espaço no seu coração, quebra-se o primeiro mandamento, o mandamento que deve ter a prioridade em nossa corrida para a santificação (Hb 12.14).

Jesus ensinou no sermão do Monte que o dinheiro se torna um "deus" com muita facilidade! Se o amor ao dinheiro substitui o amor ao Senhor, ele se torna escravo do deus chamado "Mamom" (Mt 6.24). Servir (gr., "tornar-se escravo") a dois senhores é impossível, "pois, odiará um e amará o outro, ou se dedicará a um e desprezará o outro. Vocês não podem se escravizar a Deus e ao Dinheiro" (Mt 6.24). Paulo apresenta o mesmo conceito de "ganância", identificando-o com a "idolatria" (Cl 3.5).

O amor ao mundo, em grande parte, significa amar as coisas que há no mundo e que podem ser adquiridas com dinheiro (1Jo 2.15-17). Portanto, o amor ao dinheiro significa, para a maioria, a aquisição de objetos sem o potencial de nos aproximar de Deus, mas de distrações, entretenimento e prazeres mundanos. São coisas que nos afastam do amor ao Senhor e à sua obra. Muitas vezes adquirimos coisas supérfluas que em nada nos tornam mais semelhantes a Jesus. Gastamos dinheiro com coisas não necessárias e faltamos com a obrigação de socorrer os irmãos necessitados.

Muitas pessoas sonham com o dia em que não precisarão trabalhar mais. Um empresário bem-sucedido disse, com tom de orgulho: "Tenho dinheiro suficiente para nunca ter de fazer algo que não gosto de fazer". O fazendeiro que teve colheitas sobejantes ilustra o amor aos bens. Depois de construir armazéns maiores e guardar os bens, disse a si mesmo: " 'Você tem grande quantidade de bens, armazenados para muitos anos. Descanse, coma, beba e alegre-se'. Contudo, Deus lhe disse: 'Insensato! Esta mesma noite a sua vida lhe será exigida. Então, quem ficará com o que você preparou?' " (Lc 12.19,20).

Quem diz ter alguma base bíblica para a aposentadoria terá dificuldade para encontrar essa prática moderna nos ensinos das Escrituras. Evidentemente, Deus espera que seus servos trabalhem na seara até que um problema de saúde e uma dificuldade física ou mental se tornem empecilhos.

A ociosidade não é um ideal cristão. Ao contrário, o ideal recomendado por Deus é usar o dinheiro que sobra, depois de comprar as necessidades, para suprir carentes e famintos com os mantimentos que eles precisam para manter a vida. Foi a graça de Deus que incentivou os macedônios a dar de sua extrema pobreza com rica generosidade para os santos na Judeia (2Co 8.1,2). Essa graça aniquilou o amor ao dinheiro até o ponto de esses irmãos darem mais do que podiam (v. 3*b*).

As pessoas que amam o dinheiro caem em tentação, disse Paulo (1Tm 6.9). Que tentação? Com certeza Paulo condena, em nome do Senhor, a satisfação derivada de posses, casas, fazendas, empresas, carros, *videogames*, e de muito mais coisas que alimentam a cobiça de quem ama o mundo. Dedicar-se a esses objetivos até o ponto em que Deus seja marginalizado e excluído da vida secularizada, se torna mais uma fonte de idolatria. Essas são tentações que assolam o cristão contemporâneo. Além da exagerada valorização dos objetos, há armadilhas que o texto (1Tm 6.19) poderia incluir no tormento e sofrimentos que acompanham o amor ao dinheiro: desonestidade, mentiras, sonegação de impostos e mesquinhez. Desejos descontrolados e nocivos poderiam incluir o desprezo aos pobres, mendigos (como Lázaro na parábola contada por Jesus para mostrar o horrível fim de quem, à semelhança do "rico", não é rico para com Deus e os necessitados).

O texto de 1Timóteo continua mostrando o perigo do amor ao dinheiro assim: "Algumas pessoas, por cobiçarem o dinheiro, desviaram-se da fé e se atormentaram com muitos sofrimentos" (6.10). Jesus explicou em parte como essa cobiça afeta quem se deixa levar pelo desejo de ser rico na "parábola dos solos". As sementes que caíram no meio dos espinhos "são os que ouvem (a palavra), mas, ao seguirem seu caminho, são sufocados pelas riquezas e pelos prazeres desta vida" (Lc 8.14). O perigo da busca pelo dinheiro, para esbanjá-lo nos prazeres da vida, é maior hoje que na época de Jesus. O homem pós-moderno tem mais oportunidades de gastar dinheiro na busca de futilidades e vaidades que o homem do primeiro século.

Paulo, preocupado com o mal que o amor ao dinheiro pode fazer aos crentes de Éfeso, instrui Timóteo: "Ordene aos que são ricos no presente "mundo" (gr. *aion,* "época", "era", "século"), que não sejam arrogantes, e nem ponham sua confiança na incerteza da riqueza, mas em Deus que de tudo nos provê ricamente para a nossa satisfação" (1Tm 6.17). Além de tudo que já vimos nos versículos anteriores, o aviso contra a arrogância e a confiança mal direcionada, a riqueza estimula com facilidade a colocação da fé no dinheiro e não em Deus. Se o objeto da fé não for o Deus eterno e soberano sobre tudo que acontece, faltará à fé o fundamento sólido e bíblico.

A Bíblia condena o amor ao dinheiro. O amor a Deus não pode coexistir com o amor ao mundo que consiste principalmente na avareza (1Jo 2.15). Além da idolatria, proibida e condenada em toda a Bíblia, o amor ao dinheiro desobedece à ordem expressa de Jesus: "Busquem em primeiro lugar o Reino de Deus e a sua justiça, e todas estas coisas lhes serão acrescentadas" (Mt 6.33). Buscamos o que amamos. Procuramos possuir o que desejamos com intensidade. Se o dinheiro contar com o lugar central em nosso pensamento e ambição, o resultado forçosamente excluirá o espaço e a atenção exigidos por Deus: "Não amem o mundo nem o que nele há. Se alguém ama o mundo, o amor do Pai não está nele. Pois tudo que há no mundo, a cobiça da carne, a cobiça dos olhos, e a ostentação dos bens — não provém do Pai, mas do mundo" (1Jo 2.15,16). O dinheiro é o principal meio pelo qual as pessoas adquirem os bens essenciais e supérfluos.

A falta de fé permeia o amor ao dinheiro em duas dimensões. A primeira se faz presente no temor de que, se não amontoarmos dinheiro e posses, pode chegar o dia em que nos venham a faltar. Pensamos, à semelhança do filho pródigo, que talvez passemos fome e "apascentemos porcos" ou algo semelhante. A Palavra de Deus nos assegura que o amor do Pai, que nos deu a vida neste mundo, também nos sustentará quando voltamos para ele arrependidos de verdade.

A segunda marca da incredulidade trata da nossa visão do futuro. Jesus declarou que as riquezas acumuladas na vida estão sujeitas à destruição pela traça e ferrugem ou à perda por ladrões que arrombam e furtam (Mt 6.19). Em vez disso, devemos acumular tesouros para nós nos céus onde não há perigo de serem destruídos ou roubados. A mensagem de Jesus é clara e cristalina. Pela fé sacrificamos nossas posses a Deus. Ele reterá tudo para nossa alegria futura. Se crermos que o Mestre falou a verdade, gozaremos eternamente o prazer de ter investido no futuro que vemos apenas pela fé.

O amor ao dinheiro produz o espírito mesquinho. Nabal, da cidade de Carmelo (1Sm 25.2-44), foi um indivíduo muito rico; seu rebanho contava mil cabras e três mil ovelhas. Quando Davi fugiu de Saul, ele protegia os pastores e os rebanhos de Nabal na esperança de receber algum retorno em forma de alimento. Davi mandou alguns servos para receber o pagamento pela proteção fornecida pelos homens de Davi a Nabal. Um dos servos informou Abigail, a esposa de Nabal, e disse: "Dia e noite eles eram como um muro ao nosso redor, durante todo o tempo em que estivemos com eles cuidando de nossas ovelhas!" (1Sm 25.16). Nabal demonstrou desprezo intenso em relação a Davi e a seus acompanhantes, pagando mal com o bem que recebera. Não fosse a sabedoria de Abigail, que levou mantimentos para Davi, Nabal e seus servos teriam morrido nas mãos de Davi e sua milícia. Quando Nabal soube do perigo de que escapou teve um ataque e morreu dez dias depois. A lição do texto de 1Samuel 25 é clara: a insensatez de agir com mesquinharia por amor ao dinheiro pode ser fatal. Mostra também a falta de fé no fato de Deus ter escolhido Davi para governar Israel.

CAPÍTULO 23

Competição entre irmãos

Nossa natureza caída sofre de um defeito raras vezes reconhecido como pecado. A comparação entre o nosso sucesso e o fracasso alheio que cria no coração o sentimento de orgulho — caso atribuamos o sucesso à nossa competência e não à benção imerecida de Deus. As equipes de futebol competem entre si, e os jogadores sentem o orgulhoso da conquista quando vencem um jogo. A euforia agradável enche ainda mais o coração quando o time obtém um título.

O mesmo sentimento de sucesso no trabalho cristão deve ser pecaminoso se o crescimento numérico da igreja local for a medida utilizada, e não a gratidão ao favor derramado por Deus sobre a igreja. O mesmo poderia ser dito quando as entradas financeiras e a construção de templos maiores e mais suntuosos fomentam o orgulho. Essas "bênçãos" impressionam todos os irmãos que desejam mostrar as marcas do sucesso aos olhos humanos, enquanto outras igrejas e organizações cristãs sofrem carência e fracassos. O espírito competitivo sente a euforia dos vencedores de uma corrida nos jogos olímpicos! Quem não pensa: "Ganhamos da competição!". Isso pode nos agradar, ainda que nunca tenhamos anunciado ou declarado publicamente nosso motivo de euforia. Podemos concluir que Deus tem pessoas favoritas — a quem ele abençoa mais. Até podemos imaginar que por causa do nosso esforço e bom trabalho obtivemos mais sucesso que os colegas. Se não cultivarmos o espírito humilde, que dá toda a glória a Deus, podemos concluir que vencemos a competição pelo esforço maior ou pela espiritualidade extraordinária.

Paulo sentiu a força da tentação de se gloriar como favorito de Deus. Ele podia se convencer de que havia sido mais favorecido que os outros trabalhadores na seara do Senhor pelas extraordinárias revelações que Deus lhe concedeu. Concluiria que era mais importante para Deus que os outros apóstolos ou missionários. Para impedir que ele se exaltasse, Paulo escreveu, Deus o atingiu com uma dolorosa aflição. Ele escreveu assim: "... por causa da grandeza dessas revelações, foi-me dado um espinho na carne, um mensageiro de Satanás, para me atormentar. Três vezes roguei ao Senhor que o tirasse de mim. Mas ele me disse: 'Minha graça é suficiente para você, pois o meu poder se aperfeiçoa na fraqueza' " (2Co 12.7-9). Concluímos que o servo do Senhor que deseja vencer a competição, deve esperar que Deus mande um espinho na carne para lhe atormentar. Deus odeia o líder orgulhoso que considera o sucesso espiritual um resultado derivado do esforço, da inteligência ou da espiritualidade extraordinária do homem. Muito mais apropriado seria dar graças pela ação do Espírito na vida de outros servos do Senhor.

O trabalho do Senhor não é promovido pela competição, mas pela cooperação e oração. A dependência do Senhor, e a alegria no sucesso de irmãos de outras igrejas e organizações, deve nos encher de alegria e gratidão; o império das trevas perde seus presos e as algemas estão sendo quebradas. Se Jesus nos exorta a amar e orar pelos nossos inimigos, quanto mais somos obrigados a nos alegrar com nossos irmãos que se alegram e a chorar com os que choram (Rm 12.15).

O pecado da competição entre irmãos também revela falta de fé. Se entendêssemos que toda vitória espiritual manifesta a ação de Deus, e sem ele nada podemos fazer, acredito que teríamos menos orgulho, concluindo de forma errada que o progresso alcançado resultou do nosso bom trabalho. Paulo foi um dos servos mais talentosos e esforçados na história do cristianismo, mas se recusou à comparação com outros missionários não tão bem-sucedidos. Considere como ele descreveu seu sucesso: "Não me atrevo a falar de nada, exceto daquilo que Cristo realizou por meu intermédio em palavra e em ação, a fim de levar os gentios a obedecerem a Deus, pelo poder de sinais e maravilhas e por meio do poder do Espírito de Deus. Assim, desde Jerusalém e arredores, até o Ilírico [Albânia], proclamei plenamente o evangelho de Cristo" (Rm 15.18,19). Ele sabia que o sucesso no trabalho espiritual é presente de Deus.

O espírito competitivo promove a inveja. Todos os que sofrem com o chamado complexo de inferioridade olham para os colegas como privilegiados além dos benefícios e habilidades que a pessoa invejosa tem.

Paulo discute esse pecado utilizando a figura do corpo humano: "Se o pé disser: 'Porque não sou mão, não pertenço ao corpo', nem por isso deixa de fazer parte do corpo. E se o ouvido disser: 'Porque não sou olho, não pertenço ao corpo', nem por isso deixa de fazer parte do corpo" (1Co 12.15,16).

Torna-se evidente que os membros do corpo de Cristo são todos necessários para a vida saudável do corpo. Em vez de invejar um membro que parece receber mais honra, todos os membros do corpo precisam dar graças a Deus pelo papel que exercem no corpo. A fim de não haver divisão no corpo, os membros devem cultivar o amor em que todos os membros têm igual cuidado uns em relação aos outros: "Quando um membro sofre, todos os outros sofrem com ele; quando um membro é honrado, todos os outros se alegram com ele" (1Co 12.26). Não é possível concluir que a competição entre os membros do corpo tenha muita importância. Ao contrário, o corpo todo tem motivo de se alegrar com as vitórias dos outros membros. A competição não se justifica se, de fato, o individualismo, que fomenta a competição entre as pessoas do mundo, for totalmente descartado entre os membros do corpo de Cristo.

Acredito que Ananias e Safira (At 5) sentiram necessidade de competir com José, um levita de Chipre que os apóstolos chamaram Barnabé, que significa "encorajador" (At 4.36). Ele vendeu uma propriedade que possuía e trouxe o dinheiro e o colocou aos pés dos apóstolos. Ananias e Safira, sabendo do desprendimento de Barnabé, acharam por bem também vender uma propriedade e trazer o dinheiro e colocá-lo aos pés dos apóstolos. Houve um problema: eles mentiram afirmando que o dinheiro consistia no valor inteiro da propriedade. A tentativa de enganar Pedro e o Espírito Santo falhou, resultando na morte súbita dos dois. Se Ananias e sua mulher tivessem apresentado sua oferta com o coração puro, como fez Barnabé, eles teriam sido elogiados em vez de mortos.

A humildade de Barnabé se destaca no livro de Atos. Ele foi um dos líderes da igreja de Jerusalém que ofereceu o valor de uma propriedade e depositou o dinheiro aos pés dos apóstolos — como acabamos de ver. Barnabé foi enviado pelos apóstolos à igreja da Antioquia quando chegou a notícia do sucesso da implantação da comunidade ali. O Espírito Santo indicou que Barnabé e Saulo (Paulo) deveriam sair de Antioquia para expandir o alcance do evangelho em Chipre, e as províncias de Panfília e Galácia. Logo no início da viagem, Barnabé cedeu a liderança a Paulo (At 13.9-13). Creio que temos boas razões para negar a existência de qualquer espírito de competição entre Barnabé e Paulo. Possivelmente, Barnabé tinha mais razão para desejar levar João Marcos que Paulo de achar imprudente levá-lo, por causa do episódio em que ele abandonou a equipe em Panfília (At 15.37). Alguns anos depois, Paulo comprovou o grande valor que Marcos representava para a obra missionária (Cl 4.10; Fm 24; 2Tm 4.11 e 1Pe 5.13).

A ausência da fé conduz o espírito de competição para dentro da igreja e corrói os relacionamentos de amor. A verdadeira fé atua por meio do amor (Gl 5.6) e não pela vitória na competição entre irmãos. Qualquer irmão que se sobressai em uma boa ação, ou no exercício de um dom, deve agradecer a Deus pela conquista de um servo do Senhor. A Palavra condena o espírito de competição: "... Assim, ninguém se orgulhe a favor de um homem em detrimento de outro. Pois, quem torna você diferente de qualquer outra pessoa? Ou que você tem que não tenha recebido? E se o recebeu, por que se orgulha, como se assim não fosse?" (1Co 4.6b,7). A fé suprime e aniquila o orgulho, a inveja ou o espírito de competição.

CAPÍTULO 24

Negligência dos necessitados e feridos

Lucas escreveu sobre a igreja de Jerusalém: "Não havia pessoas necessitadas entre eles, pois os que possuíam terras ou casas as vendiam, traziam o dinheiro de venda e o colocavam aos pés dos apóstolos, que o distribuíam segundo a necessidade de cada um" (At 4.34,35). Os primeiros cristãos da novel igreja tiveram uma reação natural diante da carência material de alguns irmãos incorporados pelo Espírito Santo à comunidade.

Eles sentiram a obrigação de suprir essas necessidades pela venda de propriedades, colocando o resultado aos pés dos apóstolos.

É muito mais fácil imitar o sacerdote e o levita que o samaritano na parábola de Jesus (Lc 10). Existem muitas desculpas que apresentamos para nos explicar porque não devemos compartilhar nossos bens com os irmãos necessitados.

Podemos explicar nossa indiferença pelo fato que não temos dinheiro sobrando. Gastamos tudo que ganhamos. O salário baixo não comporta tirar qualquer soma para as necessidades dos outros.

Podemos explicar nosso desinteresse pela suposta indignidade do recipiente. Podemos perguntar a razão de não ter sido mais prudente nos seus gastos nos tempos das vacas gordas. Foi culpa dele não ter sido mais sábio e poupado uma parte dos seus ganhos para o dia da necessidade?

Podemos explicar nossa desobrigação pela observação de que outros irmãos não se envolvem com os necessitados.

Podemos nos alegrar com o fato de que a pessoa necessitada tem uma família que deveria acolhê-lo. A responsabilidade de seus parentes é clara: eles têm a obrigação de resgatar o necessitado da sua dificuldade.

Todos esses argumentos podem ter alguma validade em casos especiais, mas os primeiros cristãos reconheceram que as necessidades de alguns irmãos eram genuínas e válidas. Havia viúvas sem familiares ou parentes; pessoas com parentes não convertidos as rejeitaram. Quando pertencemos, de fato, à família de Deus, nossa responsabilidade para com os irmãos necessitados é confirmada pela Palavra divina. Não se responsabilizar pelos necessitados da irmandade é pecado. Essa responsabilidade tem sua administração, ensinada pelo apóstolo a Timóteo da seguinte maneira: toda família precisa cuidar de seus membros, "retribuindo o bem recebido de seus pais e avós, pois isso agrada a Deus" (1Tm 5.4). "Se alguém não cuida de seus parentes, e especialmente dos de sua própria família, negou a fé e é pior que um descrente" (1Tm 5.8). O descuido dos membros da família mais próximos revela uma marca de incredulidade pela simples razão de que não se reconhece a responsabilidade gravada por Deus no coração de suas criaturas. Todos os animais e todas as mães sentem, de forma instintiva, piedade de sua prole.

Se criaturas irracionais não falham em cuidar de seus filhotes, quanto mais deveríamos crer que o segundo mandamento, "ame cada um o seu próximo como a si mesmo" (Lv 19.18*b*), seja uma responsabilidade séria exigida por Deus.

Darrin Patrick conta no livro de sua autoria, *O plantador de igreja*,[9] como a Igreja The Journey [A Jornada] recebeu extraordinárias bênçãos pondo em prática o segundo mandamento: "Mas ame cada um a seu próximo com a si mesmo". Não só mudou o bairro, como ganhou pessoas para Cristo. Os abençoados foram os necessitados que não imaginaram que uma igreja com sinais evidentes de prosperidade se interessaria em compartilhar seus bens e tempo com gente tão necessitada e carente. Como as cracolândias, de todo o Brasil, e os quilombos, do Piauí, as necessidades são atendidas por missionários com o amor de Deus e abrem as portas para oferecer o maior benefício: o evangelho que transforma o desespero em esperança.

Juliano Son, um missionário coreano, decidiu não negligenciar as necessidades dos habitantes de um quilombo a 500 km ao sul de Teresina. O povo isolado, que rejeitava qualquer contato com crentes, sofria de muitas doenças causadas pela péssima qualidade da água ingerida. Era uma água salobra, de fato intragável e contaminada. Com ajuda de irmãos, Juliano adquiriu um filtro para purificar a água. A saúde da comunidade melhorou notavelmente. A atitude hostil do povo mudou de forma

---

[9] São Paulo: Vida Nova, 2013.

radical a ponto de darem boas-vindas aos crentes amorosos. As pessoas se dispuseram a ouvir o evangelho. Houve conversões. Uma igreja está sendo plantada porque um missionário percebeu que uma necessidade material poderia ser suprida a fim de beneficiar o povo abandonado.

Não se encontram exemplos no Novo Testamento de crentes auxiliando não cristãos para produzir uma abertura para a aceitação do evangelho. O que encontramos, sim, são casos em que membros da igreja mais abastados se dedicaram a suprir as necessidades dos mais carentes. O caso mais extraordinário, relatado no Novo Testamento, foi dos macedônios ao norte da Acaia (Grécia). Paulo descreve a generosidade desses irmãos no seguinte relatório: "Agora, irmãos, queremos que vocês tomem conhecimento da graça que Deus concedeu às igrejas da Macedônia. No meio da mais severa tribulação, a grande alegria e a extrema pobreza deles transbordaram em rica generosidade. Pois dou testemunho de que eles deram tudo quanto podiam, e até além do que podiam. Por iniciativa própria eles nos suplicaram insistentemente o privilégio de participar da assistência aos santos" (2Co 8.1-4).

O que este texto não nos permite esquecer é o fato que essa generosidade não se explica pela bondade natural do homem sem Cristo. A única explicação que Paulo põe em destaque é a graça que Deus concedeu aos macedônios (v. 1). A atuação do Espírito Santo criou o sentimento de alegria e paz que abafou o espírito egoísta dos descendentes de Adão e Eva. A graça criou o desejo de oferecer o dinheiro guardado para o alívio de algum aperto possível em uma crise, como o que atingiu todo o mundo romano no reinado do imperador Cláudio (At 11.28).

Tiago mostra a conexão entre fé e generosidade. "De que adianta, meus irmãos, alguém dizer que tem fé, se não tem obras? Acaso a fé pode salvá-lo? Se um irmão ou irmã estiver necessitando de roupas e do alimento de cada dia e um de vocês lhe disser: 'Vá em paz, aqueça-se e alimente-se até satisfazer-se', sem porém lhe dar nada, de que adianta isso? [...] Assim também e fé, por si só, se não for acompanhada de obras, está morta" (Tg 2.14-17). Tiago não nega a veracidade da ênfase de Paulo na salvação pela graça por intermédio da fé, mas ele nega que a fé verdadeira possa existir sem produzir um efeito sacrificial, demonstrado por meio da generosidade.

João explica a generosidade graciosa que os cristãos verdadeiros evidenciam se o amor divino foi derramado no coração deles: "Nisto conhecemos o que é o amor: Jesus Cristo deu a sua vida por nós, e devemos dar a nossa vida por nossos irmãos. Se alguém tiver recursos materiais e, vendo seu irmão em necessidade, não se compadecer dele, como pode permanecer nele o amor de Deus?" (1Jo 3.16,17). A única conclusão que poderíamos tirar desses versículos seria que deixar de atender à necessidade genuína de um irmão é pecado. Esse pecado floresce no campo da incredulidade, pois onde falta a fé salvadora gerada pelo Espírito Santo, faltará também o desejo sincero de suprir a carência dos que sofrem a ausência dos bens mais básicos da vida. A negligência da obrigação de suprir as necessidades dos membros da família de Deus, quando os irmãos poderiam fazê-lo com facilidade, revela falta de fé.

CAPÍTULO 25

Maldade

Paulo exorta os coríntios a deixarem de pensar como crianças, mas com respeito ao mal, que sejam crianças (1Co 14.20). Sem dúvida, a maldade como algo planejado difere da maldade da criança que age sem pensar. Além disso, essa palavra tem uma qualidade negativa, semelhante à da depravação. A passagem "livrem-se de toda maldade" de 1Pedro 2.1 mostra, com sua associação com o engano, a hipocrisia, a inveja e a maledicência (no mesmo versículo), que a maldade é mais abrangente. Pense em uma pessoa malcriada. Ela aponta para o prazer que a pessoa má sente em tratar com desprezo e crueldade uma pessoa inocente. Com certeza um exemplo da maldade é o caso dos jovens que derramaram álcool sobre um indígena, em Brasília, e atearam fogo nele. Imagine os policiais que balearam os meninos de rua que dormiam na Candelária, no Rio de Janeiro. A pessoa má sente satisfação em provocar o sofrimento imerecido. Seria uma expressão de *bullying* em que jovens maltratam crianças menores sem condições de proteger a si mesmas ou de revidar. "Vivam como pessoas livres, mas não usem a liberdade como desculpa para fazer o mal; vivam como servos (gr. "escravos" de Deus)" (1Pe 2.16).

A maldade perpetrada por Adolf Hitler e seus comparsas contra os judeus revela o extremo a que a depravação humana pode chegar. Depois de conquistar os países vizinhos, as forças especiais alemãs começaram a executar o plano de exterminar todos os judeus que conseguissem encontrar. Seis milhões deles foram mortos; um grande número foi incinerado nos fornos dos campos de concentração. O genocídio dos armênios pelos turcos, dos judeus pelos nazistas e dos tutsis pelos hutus demonstra a seguinte verdade bíblica: "O coração é mais enganoso que qualquer outra coisa e sua doença é incurável. Quem é capaz de compreendê-lo?" (Jr 17.9). Davi diz: "Sei que sou pecador desde que nasci, sim, desde que me concebeu minha mãe" (Sl 51.5). O coração humano é enganoso e transforma o mal em bem e o bem em mal como Isaías observa: "Ai dos que chamam ao mal bem e ao bem mal, que fazem das trevas luz e da luz trevas" (Is 5.20). Quando o ódio humano aumenta até o ponto de justificar a si mesmo quando comete crimes dos mais hediondos, podemos compreender o mandamento do Senhor citado pelo apóstolo Pedro: "Livrem-se de toda maldade e de todo engano" (1Pe 2.1).

As obras da carne de quem não se submete à direção do Espírito Santo são alistadas em Gálatas 5.19: "Ora, as obras da carne são manifestas: imoralidade sexual, impureza e libertinagem; idolatria e feitiçaria; ódio, discórdia, ciúmes, ira, egoísmo, dissensões, facções e inveja; embriaguez, orgias e coisas semelhantes". Paulo adverte os que "praticam essas coisas não herdarão o Reino de

Deus" (Gl 5.20). Todas as obras da carne são práticas dos pecados incluídos na palavra "maldade". Podemos definir a maldade como toda ação ou atitude que contraria a lei de Deus: "Ame o seu próximo como a si mesmo" (Gl 5.14*b*).

Este pecado, citado na palavra direcionada aos colossenses: "Abandonem todas estas coisas: ira, indignação, maldade, maledicência e linguagem indecente no falar" (Cl 3.8), deve nos impressionar como uma marca do coração não convertido, da pessoa que não se entregou pela fé ao senhorio de Cristo, não recebeu o Espírito Santo regenerador que produz seu fruto no coração de quem crê de verdade no Senhor. Tanto a amabilidade quanto a bondade são virtudes às quais a maldade se opõe de maneira específica.

Mais do que nos casos de outros pecados cometidos pela falta de fé, a maldade constitui uma demonstração da falta da fé salvadora. Tento imaginar como pensava Judas, o "filho da perdição", ao receber as trinta moedas de prata para trair o Senhor Jesus. A negação de Pedro foi um pecado de outra natureza por não ter sido planejado. A expressão "Satanás entrou nele" (Jo 13.27), explica a maldade de Judas, o discípulo escolhido para cumprir essa missão específica. Se ele tivesse recebido a fé salvadora, sem dúvida teria se arrependido e procurado a purificação do coração. Por falta da fé, e incentivado pelo desespero do coração decepcionado, Judas decidiu se suicidar.

Acabe é notório entre os reis de Israel pela ausência do coração bondoso. O autor de 1Reis 21 conta um caso da prática da maldade de Acabe contra o cidadão chamado Nabote. Este possuía uma vinha que ficava a lado do palácio de Acabe, em Jezreel. O rei pediu a Nabote que lhe desse essa vinha. Nabote se recusou porque a propriedade fazia parte da herança de seus pais (1Rs 21.4). Acabe foi para casa aborrecido. Jezabel trata Acabe com escárnio por não demonstrar o poder régio. As autoridades, utilizando testemunhas falsas, deveriam acusar Nabote de ter amaldiçoado Deus e o próprio rei. Daí ele seria apedrejado de acordo com a lei de Israel, e a vinha passaria a pertencer ao rei Acabe. Logo o plano foi executado. Acabe obteve a vinha cobiçada. A prática dessa maldade trouxe o juízo divino sobre Acabe e Jezabel, pronunciado pelo profeta Elias: "Assim diz o SENHOR: 'No local onde os cães lamberam o sangue de Nabote, lamberão também o seu sangue; isso mesmo, o seu sangue!' " (1Rs 21.19). Jezabel sofreria o mesmo castigo por ter criado o plano maldito que Acabe executou. Tanto Acabe e sua mulher Jezabel (idólatra de Sidom, na Fenícia) não demonstraram nenhum sinal ou marca da fé salvadora.

A maldade contraria a lei de Deus. Como todo pecado, ela significa tratar outros com desprezo e ódio. O segundo mandamento com mais destaque na Palavra requer que amemos o próximo como a nós mesmos. Tratar as pessoas criadas à imagem de Deus como bichos nocivos mostra a ausência da fé nas verdades fundamentais na Palavra de Deus; revela que não nos submetemos ao senhorio de Jesus como nosso Senhor.

Félix apresentava as características de um homem mau. Manteve Paulo preso, mesmo convencido de sua inocência em relação às acusações dos judeus — que odiavam o apóstolo. O historiador romano Tácito descreveu a maldade de Félix. A agitação aumentou durante seu domínio como procurador porque "com ação selvagem e impureza sexual ele exercitou os poderes de um rei com a disposição de um escravo".[10] Ele não se importava com a justiça e agiu com avareza, como Lucas o descreve. Mesmo ouvindo o evangelho da boca de Paulo, ele não se arrependeu. A maldade abrigada no coração endurecido como o de Félix merece a condenação a ser pronunciada por Deus no dia do juízo final contra os praticantes da maldade.

---

[10] Tácito, História 5.9.

CAPÍTULO 26

Egoísmo

Pecado praticado por pessoas que pensam apenas em si mesmas. Suas necessidades e desejos são mais importantes que os dos irmãos e cônjuge. Seus argumentos sempre são os mais fortes, de maneira que não se pode mudar sua opinião egocêntrica. Seus compromissos têm prioridade sobre os compromissos da família, da igreja e de Deus. Ele destrói o relacionamento amoroso no casamento e semeia contendas na igreja. Não se distingue com facilidade do indivíduo possessivo. Sendo dono da verdade ou do cônjuge, não permite que a outra pessoa se realize ou se expresse. O membro individual, ou a família, toma para si o direito de dirigir a igreja, porque seu pai foi um dos fundadores, ou por ter contribuído com a maior quantia para a compra do terreno e a construção; assim, essa pessoa, ou essa família, se sente dona da igreja. O membro egoísta reivindica o direito especial de ter a última palavra na administração. Gente possessiva cria contendas porque age e reage como quem detém o privilégio de governar e mandar. Pode facilmente criar uma divisão na igreja ou organização porque não reconhece os direitos dos outros membros.

A *Nova Versão Internacional* traduz a palavra grega *eritheia* por "egoísmo" em Gálatas 5.20. Em Filipenses 1.17, Paulo usa essa palavra para descrever a atitude de ambição egoísta da parte de alguns irmãos em Roma, ou talvez em Éfeso (possível local onde Paulo estava preso quando escreveu a carta à igreja de Filipos), que desejavam demonstrar a própria importância. Com o espírito de rivalidade, pregaram o evangelho esperando causar algum sofrimento extra ao apóstolo. O motivo falso da pregação não chegou a desanimar Paulo, que disse: "Que importa? O importante é que de qualquer forma, seja por motivos falsos ou verdadeiros, Cristo está sendo pregado, e por isso me alegro" (Fp 1.17,18). Paulo não mordeu a isca. Para ele foi suficiente o fato de a verdade sobre Cristo ser anunciada, e que o povo estava conhecendo o caminho da salvação. A motivação, totalmente errada, não aniquilou o valor da mensagem, suficientemente próxima da palavra pregada por Paulo, de modo que ele pode se regozijar com o fato.

Outros casos semelhantes surgiram em Éfeso e Corinto, cidades onde havia muitos que pregavam a Palavra com a intenção de obter lucro do ministério. Paulo não se rebaixava ao ponto de utilizar o evangelho para sugar dinheiro do povo. Ele disse: "Antes, em Cristo falamos diante de Deus com sinceridade, como homens enviados por Deus" (2Co 2.17*b*).

A ambição egoísta é o oposto da negação de si mesmo, requerida pelo evangelho. Jesus ensinou: "qualquer de vocês que, não renunciar a tudo o que possui não pode ser meu discípulo" (Lc 14.33).

Sendo característica da natureza caída do homem, que invariavelmente deseja obter vantagem pessoal, o egoísmo mostra sua presença onde o Espírito Santo não reina. A ambição, na prática, só pode significar sair-se com o lucro maior que apenas a satisfação derivada do recebimento de um salário justo. O fruto do Espírito revela o contraste total com esse tipo de pensamento. Paulo escreveu à igreja de Roma: "Dediquem-se uns aos outros com amor fraternal. Prefiram dar honra aos outros mais do que a si próprios" (Rm 12.10). E também escreveu aos coríntios: "Pois temo que, ao visitá-los, não os encontre como eu esperava, e que vocês não me encontrem como esperavam. Temo que haja entre vocês brigas, invejas, manifestações de ira, divisões (gr. *eritheia*), calúnias, intrigas, arrogância e desordem" (2Co 12.20). A tradução "divisões" mostra o resultado do egoísmo e da rivalidade.

Aos filipenses Paulo exorta: "Nada façam por ambição egoísta ou por vaidade, mas humildemente considerem os outros superiores a si mesmos" (Fp 2.3). Neste trecho é possível observar com mais clareza a atitude orgulhosa que promove a ambição egoísta. Tiago concordaria que esse tipo de "sabedoria" não vem dos céus, mas da "terra", sendo demoníaca: "Pois onde há inveja e ambição egoísta, aí há confusão e toda espécie de males" (Fp 3.14).

Jesus aceitou o convite feito pelo chefe dos coletores de impostos (publicanos) de Jericó. Zaqueu o recebeu em casa com alegria (Lc 19.6). A reação das pessoas prejudicadas por ele foi pensar que Jesus agia sem coerência por ter dado valor especial a um homem corrupto, aceitando a hospedagem na casa de um pecador. Mas Zaqueu demonstrou o frutos do arrependimento, abandonando seu egoísmo. Disse a Jesus: "Olha, Senhor! Estou dando a metade dos meus bens aos pobres; e se de alguém extorqui alguma coisa, devolverei quatro vezes mais" (Lc 19.8). Jesus lhe disse: "Hoje houve salvação nesta casa!" (v. 9). O egoísmo corrupto foi derretido na presença do Senhor da glória.

A fé, pela qual a pessoa se entrega ao Senhor Jesus Cristo, se opõe de forma total à autoconfiança e ao egocentrismo. O Espírito que forma a imagem de Cristo no cristão verdadeiro combate esse tipo de egoísmo e coloca a generosidade e a negação de si mesmo em seu lugar. Além de cuidar dos próprios interesses básicos, o cristão cuida dos interesses dos outros (Fp 2.4-20). Sem dúvida, não é da vontade do Senhor que abandonemos as responsabilidades assumidas (no casamento, na criação de filhos, no emprego), mas que também nos dediquemos aos interesses de nossos irmãos na fé. A crença que nos une ao corpo de Cristo é a fé que nos ensina a nos preocuparmos com as carências da família de Jesus.

O egoísmo declara: "Eu primeiro!", mas a fé diz: "Jesus é o Senhor, portanto ele tem a primazia". Todos os sinais de egoísmo marcaram a vida do apóstolo Paulo antes da conversão. Seu encontro com Jesus na estrada de Damasco mudou de forma radical essa postura. Considere o que ele escreveu aos filipenses: "Se alguém pensa que tem razões para confiar na carne, eu ainda mais: circuncidado no oitavo dia de vida, pertencente ao povo de Israel, à tribo de Benjamim, verdadeiro hebreu; quanto à Lei, fariseu; quanto ao zelo, perseguidor da igreja; quanto à justiça que há na Lei, irrepreensível. Mas o que para mim era lucro, passei a considerar como perda, por causa de

Cristo. Mais do que isso, considero tudo como perda, comparado com a suprema grandeza do conhecimento de Cristo Jesus, meu Senhor, por quem perdi todas as coisas" (Fp 3.4b-8b).

O sinal da remoção do seu egoísmo se encontra na confissão de ter largado os valores adquiridos com tanto zelo, reconhecendo neles apenas o valor de esterco. O egoísmo é quase sinônimo da avareza; no entanto, é mais abrangente. A avareza valoriza o dinheiro; o egoísmo valoriza o que pertence à própria pessoa: conhecimento, reputação, honra e posição na sociedade. Essa pessoa engoliu a mentira da serpente no jardim do Éden: comer o fruto proibido tornaria Adão e Eva semelhantes a "Deus". A fé real convence quem a recebeu da necessidade de se humilhar, de se arrepender, do seu caráter "miserável, digno de compaixão, pobre, cego, e [...] nu" (Ap 3.17). A fé resolve o problema do egoísmo no coração do pecador salvo pela graça.

Jesus veio mostrar ao mundo como seria alguém desprovido de egoísmo: "Embora sendo Deus, não considerou que o ser igual a Deus, em algo a que devia apegar-se; mas esvaziou-se a si mesmo, vindo a ser servo, tornando-se semelhante aos homens, e sendo encontrado em forma humana humilhou-se a si mesmo e foi obediente até a morte e morte de cruz!" (Fp 2.6-8). Ele exemplificou com perfeição a realidade da pessoa totalmente do egoísmo. Ele viveu e morreu mostrando o que significa ser totalmente amável e bondoso. Quando ele convidou as pessoas cansadas e sobrecarregadas com as repetidas tentativas de satisfazer os desejos pessoais, ele as convidou para aprender dele (Mt 11.28,29). Todas as pessoas empenhadas em imitar o Senhor Jesus Cristo em sua vida na terra descobrem duas coisas: 1) A perfeição de Jesus não está ao nosso alcance nesta vida; 2) Substituir o egoísmo com a bondade e a generosidade de Jesus requer o domínio do Espírito sobre nosso coração e nossa vontade para tomarmos alguns passos na direção de nos livrar do egocentrismo. Pela oração da fé, poderemos dar alguns passos na direção de uma atitude mais contrária ao pensamento que exige "eu primeiro"!

Parece-me que a atitude egoísta, abordada no início desta discussão, seria a raiz da maioria dos problemas enfrentados pelos homens. Billy Graham escreveu, em seu livro sobre o matrimônio, que, para ser feliz, o casamento precisa de duas pessoas livres ao máximo do egoísmo adâmico.

Depois de mais de 57 anos de casamento, concordo de forma plena que a principal barreira para o casamento feliz tem relação com a centralidade do ego na vida dos cônjuges. Como todos os pecados, este só pode ser vencido pela oração da fé.

CAPÍTULO 27

Individualismo

Este mal se torna cada vez mais a característica do mundo moderno e pós-moderno. Entendemos que o individualismo significa centrar o mundo em si mesmo e não em Deus. A pessoa centrada em si mesma não pode viver e sentir a realidade do primeiro mandamento nem o segundo: " 'Ame o Senhor, o seu Deus, de todo o seu coração, de toda a sua alma, de todo o seu entendimento e de todas as suas forças'. O segundo é este: 'Ame o seu próximo como a si mesmo'. Não existe mandamento maior do que estes" (Mc 12.30,31). Para amar alguém de todo o coração, é necessário guardar esses dois mandamentos; o que é impossível sem o poder do Espírito Santo transformar o coração do homem natural para dar mais valor a Deus que a si mesmo, e dar mais atenção aos interesses dos outros que aos seus.

Em uma conferência do Sepal (Serviço de Evangelização para a América Latina) em que Peter Lord era o pregador convidado, durante uma mensagem, ele perguntou qual o pecado mais grave que os ouvintes haviam cometido nos últimos oito dias. Ninguém foi capaz de imaginar o pecado mais sério que praticaram na última semana. Não pensaram no primeiro mandamento. Falta lugar para Deus no pensamento do mercado secularizado de ideias. À medida que cresce o individualismo, diminui o espaço para Deus.

Robert Bellah observou o seguinte: "Estamos nos encaminhando para uma validação ainda maior da sacralização do indivíduo, [mas] nossa capacidade de imaginar uma estrutura social que mantenha as pessoas unidas está desaparecendo [...] A sacralização do indivíduo não é equilibrada por nenhuma noção do todo ou preocupação com o bem comum".[11] O individualismo não tem interesse em colocar a supremacia de Deus acima de todas as coisas. O que interessa é a proeminência do futebol brasileiro, ou do time predileto. Igualmente difícil é pensar no outro como tendo o mesmo valor que eu.

Paulo entendeu a gravidade desse pecado praticado em Corinto. O individualismo na igreja tinha como foco os líderes favoritos a ponto de serem desvalorizados os outros. Paulo combateu a elevação de um líder sobre os outros: "Afinal de contas, quem é Apolo? Quem é Paulo? Apenas servos (diáconos) por meio dos quais vocês vieram a crer, conforme o ministério que o Senhor atribuiu a cada um" (1Co 3.5). O objetivo do apóstolo é furar o balão de orgulho individualista que alimentava as divisões na igreja.

Todos os líderes concedidos por Deus para doutrinar e exortar o povo são escolhidos para apresentar sua con-

---

[11] Em Timothy Keller, *Como integrar fé e trabalho*, São Paulo: Vida Nova, 2014, p. 19.

tribuição valorosa, mas não se comparam com o cabeça da igreja, Jesus Cristo.

O individualismo diminui a importância da igreja. Não conheço um texto que declara que se eu fosse o único pecador no mundo Cristo teria morrido por mim, mas conheço muito bem o trecho da Palavra que afirma que Cristo "amou a igreja e entregou-se por ela para santificá-la, tendo-a purificado pelo lavar da água mediante a palavra, e para apresentá-la a si mesmo como igreja gloriosa, sem mancha nem ruga ou coisa semelhante, mas santa e inculpável" (Ef 5.25*b*-27). O individualismo torna a igreja desnecessária, uma vez que o sujeito esteja convencido de que é salvo e sabe que Jesus morreu por ele. Um casal que veio de Bruxelas para nossa igreja em São Paulo me disse que lá eles trabalharam muito e que estavam cansados. Assim me avisaram que não estariam muito envolvidos com a igreja. Eles, como muitos, apareciam uma ou duas vezes por mês até desaparecerem por completo.

O individualismo exalta o indivíduo no relacionamento com Deus. Examine a maioria dos corinhos que são entoados no começo dos cultos. A repetição dos pronomes "eu", "mim" e "meu" mostra a centralidade do indivíduo em relação a Deus, não a igreja, o corpo de Cristo. Pedro escreveu para os crentes das cinco províncias do Império Romano: "Vocês, porém, são geração eleita, sacerdócio real, nação santa, povo exclusivo de Deus" (1Pe 2.9*a*). No versículo 4 ele diz: "À medida que se aproximam dele, a pedra viva — rejeitada pelos homens, mas escolhida por Deus e preciosa para ele — vocês também estão sendo utilizados como pedras vivas na edificação de uma casa espiritual par serem sacerdócio santo, oferecendo sacrifícios espirituais aceitáveis a Deus, por meio de Jesus Cristo" (1Pe 2.4,5). Esta e muitas outras passagens destacam a realidade premente de indivíduos incorporados a uma família, que formam o edifício ou o templo em que Cristo é o indivíduo absolutamente central.

O individualismo dos coríntios causou um problema tão sério na celebração da ceia do Senhor que Paulo disse que quando eles reuniam, não era realmente a ceia do Senhor: "porque cada um come sua própria ceia sem esperar pelos outros [...] Ou desprezam a igreja de Deus e humilham os que nada têm" (1Co 11.20,21)? A ira do Senhor foi de tal modo suscitada que Deus mandou doenças e até a morte para alguns "individualistas" (1Co 11.30). Um dos objetivos da ceia é consolidar o corpo e tornar os membros realmente "membros uns dos outros".

Eu não acho que Paulo ensina que nossos corpos individuais são templos do Espírito Santo (1Co 6.19). Se o apóstolo tivesse a ideia que cada crente é um templo ele teria contrariado a ênfase do Antigo Testamento que admitia apenas um templo central para adoração, o local do nome de Deus (Dt 12.14). O que Paulo escreveu: "o corpo (singular) de vocês (plural) é santuário (singular) do Espírito Santo que habita em vocês, que lhes foi dado por Deus, e que vocês não são de si mesmos". Duvido com seriedade que Paulo quis ensinar que o corpo de cada crente seja um santuário divino. Ele escreveu aos efésios: "... todo o edifício é ajustado e cresce para tornar-se um santuário santo no Senhor. Nele vocês também estão sendo edificados juntos, para se tornarem morada de Deus por seu Espírito" (Ef 2.21,22).

Cada vez mais cristãos evangélicos se ausentam dos cultos de suas igrejas, como se a reunião com os irmãos tivesse importância mínima. Essa prática contraria a exortação aos hebreus: "Não deixemos de reunir-nos como igreja, segundo o costume de alguns, mas procuremos encorajar-nos uns aos outros, ainda mais quando vocês veem que se aproxima o Dia" (Hb 10.25). Faltar nos cultos nega a natureza espiritual do corpo de Cristo. Como se pode imaginar um corpo humano que aparece sem um braço, ou com a falta esporádica de um olho?

A fé diminui nos membros da igreja que frequentam cada vez menos os cultos. O mundo expande seu espaço na vida dos crentes na mesma intensidade que os mundanos excluem Deus de sua vida. O trabalho, o entretenimento, a internet e o congestionamento no trânsito se entrelaçam para diminuir a frequência à igreja e o valor da meditação da Bíblia na vida dos seguidores de Cristo.

Os indivíduos têm preferências no que diz respeito a alimentos, roupas, carros e times, mas não temos preferência no que se refere às pessoas da Trindade, aos livros sagrados e às revelações da vontade divina. Se ele é de fato supremo, as preferências pessoais caem por terra. Pela fé elevamos Deus acima de qualquer ídolo ou gosto. Quando Deus é tudo em todos, podemos descansar na revelação de sua perfeita vontade na Palavra (Rm 12.2*b*).

CAPÍTULO 28

Autojustificação

Em meio à nossa herança moral, mas também pecaminosa, de Adão e Eva, encontramos o pecado de autojustificação. O termo descreve a tentativa de se desculpar por um delito sem se arrepender, ou mesmo sem admitir a culpa. Quando dois motoristas se envolvem em um acidente de carro, e a colisão danifica os dois carros, os motoristas provavelmente tentarão comprovar que nenhum deles provocou a colisão. Antes do dono do carro que, de fato, causou o sinistro, admitir ter sido o único culpado, ele enfrenta uma forte resistência interna. Caso descubra uma maneira de demonstrar a possibilidade de que ele não poderia evitar o acidente, ele se sente aliviado. À luz da maneira que o outro motorista dirigia, ele tentará justificar a si mesmo.

O pecado também envolve culpa. A culpa cria o sentimento de vergonha, e o pecador tenta escapar com o menor peso possível desse delito na alma. Não raro isso ocorre nos casos de adultério. O homem casado sente uma atração crescente por uma linda jovem da igreja. Dá-se início a uma amizade e com o passar do tempo e a outorga de presentes ele consegue criar a aceitação dela para que os dois saiam juntos em segredo. A esposa, que raras vezes aceitava um relacionamento amoroso com o marido, fortalece a justificativa para a anulação de sua promessa de fidelidade. Quando o pecado se torna público e o pastor local é informado, este deseja saber como um membro de sua igreja poderia ter tropeçado de forma tão grave. A resposta comum é: "A jovem causou a queda do homem com sua maneira de se vestir, a aceitação do convite dele e com sua atitude que serviu para seduzi-lo". Outras razões explicam porque ele não foi capaz de escapar da cilada "satânica". Ainda que não se justifique, pode-se acrescentar que a atitude de frieza da esposa também contribuiu para o pecado. Sua defesa será enraizada na autojustificação.

O rei Saul ilustra muito bem o que significa, na prática, a autojustificação mesmo se é culpado. A ordem do Senhor foi clara: "Castigarei os amalequitas pelo que fizeram a Israel, atacando-o quando saía do Egito. Agora vão, ataquem os amalequitas e consagrem ao SENHOR para destruição tudo o que lhes pertence" (1Sm 15.2,3). No entanto, "Saul e o exército pouparam o rei Agague e o melhor das ovelhas e dos bois, os bezerros gordos e os cordeiros. Pouparam tudo o que era bom" (1Sm 15.9). Samuel foi ao seu encontro, Saul o saudou com uma autojustificação: "O SENHOR te abençoe! Eu segui as instruções do Senhor!" (v. 13). Samuel não foi iludido pelas palavras agradáveis de Saul: "Porque você não obedeceu ao SENHOR? Por que se lançou sobre os despojos e fez o que o SENHOR reprova?" (v. 19). Mais uma vez, o rei Saul tentou escapar da culpa, acusando os soldados que tomaram bois e ovelhas, "o melhor do que estava consagrado a Deus para destruição, a fim de os sacrificarem ao Senhor seu Deus" (1Sm 15.21). Samuel pronunciou as palavras do Senhor: "Acaso tem o Senhor tanto prazer em holocaustos e em sacrifícios quanto em que se obedeça à sua palavra? A obediência é melhor do que o sacrifício [...] Assim como você rejeitou a palavra do Senhor, ele o rejeitou como rei" (v. 22,23*b*).

Paulo fala de dois tipos de arrependimento: "A tristeza segundo Deus não produz remorso, mas sim um arrependimento que leva à salvação, e a tristeza segundo o mundo produz morte" (2Co 7.10). Saul ficou muito triste com a informação de Samuel, mas não apareceram sinais de arrependimento conducentes à salvação. Richard Owen Roberts indica de forma sábia que "muitos confundem os dois tipos de tristeza e estão, mesmo agora, se apegando a uma falsa segurança de salvação que se constitui em lágrimas derramadas sobre seus pecados. Várias dessas pessoas enganadas foram amparadas e encorajadas em seus erros por obreiros 'cristãos' que não compreenderam esses dois tipos de tristeza. [...] Aprender a distinguir entre esses dois tipos de tristeza é um dos mais urgentes desafios que a igreja cristã enfrenta hoje".[12]

A tristeza sem a fé produzida pelo Espírito Santo não pode ser identificada com o arrependimento para a rejeição da autojustificação e a confiança na graça salvadora que Jesus providenciou para todos os que abraçam essa fé. A tristeza relativa aos efeitos do pecado, dos vícios, das prisões, da rejeição da esposa ou da família são

---

[12] *Arrependimento*: a primeira palavra do Evangelho. São Paulo: Shedd Publicações, 2011, p. 169.

exemplos de remorso. Sem a mudança profunda devida ao amor, à gratidão e ao poder do Espírito Santo para mudar o coração, não há fundamento para a esperança da vida eterna: "Se vocês viverem de acordo com a carne, morrerão; mas, se pelo Espírito fizerem morrer os atos do corpo, viverão, porque todos os que são guiados pelo Espírito de Deus são filhos de Deus" (Rm 8.13,14). Ser guiado pelo Espírito quer dizer sofrer a tristeza da convicção pelo pecado cometido, incluindo-se o pecado de justificar a si próprio.

Não sei se o pecado de Saul foi mais grave que o adultério e o homicídio de Davi, mas existe uma diferença notável entre a humilhação de Davi e a admissão plena de sua iniquidade, e a tentativa de Saul de se justificar. Davi foi perdoado, e Saul foi destituído do trono e do reino. Davi se relacionou com Deus como o publicano que orou no templo: "que nem ousava olhar para o céu, mas batendo no peito, dizia: 'Deus tem misericórdia de mim, que sou pecador' " (Lc 18.13). O fariseu fez o oposto. Orou no íntimo: "Deus, eu te agradeço porque não sou como os outros homens: ladrões, corruptos, adúlteros; nem mesmo como este publicano" (v. 11). Sem dúvida, essa é uma oração repleta de justiça própria.

João escreveu aos irmãos de Éfeso: "Se afirmamos que estamos sem pecado, enganamos a nós mesmos, e a verdade não está em nós. Se confessarmos os nossos pecados, ele é fiel e justo para perdoar os nossos pecados e nos purificar de toda injustiça" (1Jo 1.8,9). Ninguém engana a Deus. A falta de sinceridade das orações que ressaltam a justiça própria e isenção de culpa não têm chance de persuadir Deus de que desejamos ser perdoados. A autojustificação afasta qualquer possibilidade de que a graça divina cubra nossa injustiça.

A razão mais forte, mantida no coração de Saul, foi a autojustificação. Tiago destrói a base da justificação dos pecados cometidos pelos crentes: "Quando alguém for tentado, jamais deverá dizer: 'Estou sendo tentado por Deus'. Pois Deus não pode ser tentado pelo mal, e a ninguém tenta. Cada um, porém, é tentado pelo próprio mau desejo, sendo por este arrastado e seduzido. Então esse desejo, tendo concebido, dá à luz o pecado, e o pecado, após ter se consumado, gera a morte" (Tg 1.13-15). Quem resiste ao arrependimento pela transgressão de um mandamento do Senhor, tentando explicar o mal cometido, peca contra o Espírito Santo que o convence do pecado (Jo 16.8).

Este pecado, como os outros apresentados neste livro, cresce na incredulidade. Se crermos no amor de Deus e no alto preço que Jesus pagou para cancelar a culpa do pecado, ganharemos forças para rejeitar a tentação. A corrida atrás da santidade exige o esforço comparável ao de uma competição olímpica: "Esforcem-se para viver em paz com todos e para serem santos; sem santidade ninguém verá o Senhor" (Hb 12.14). Quem crê de todo o coração nessa palavra do Senhor, com certeza vencerá a tentação antes de ela vencê-lo.

O rei Davi mostra sua fé genuína no salmo 51 que evita a justificação própria: "Tem misericórdia de mim, ó Deus, por teu amor; por tua grande compaixão apaga as minhas transgressões. Lava-me de toda a minha culpa e purifica-me do meu pecado. Pois eu mesmo reconheço as minhas transgressões, e o meu pecado sempre me persegue. Contra ti, só contra ti, pequei e fiz o que tu reprovas, de modo que justa é a tua sentença e tens ração em condenar-me" (v. 1-4). Em nenhum momento notamos qualquer sugestão do desejo de se justificar.

CAPÍTULO 29

Ingratidão

O fato de a humanidade ter acesso ao conhecimento de Deus e não o glorificar como Deus, "nem lhe reder graças" (Rm 1.21), revela a importância do reconhecimento do Criador. A gratidão honra o benfeitor! A omissão dessa prática revela a falta de fé que exalta a Fonte de todo o bem.

A palavra gratidão vem do latim, *gratia* que significa "graça", "favor imerecido". O cristão verdadeiro crê que "toda boa dádiva, e todo dom perfeito vêm do alto, descendo do Pai das luzes, que não muda como sombras inconstantes. Por sua decisão ele nos gerou pela palavra da verdade, a fim de sermos como que os primeiros frutos de tudo o que ele criou" (Tg 1.17,18). Tiago subentende a impossibilidade de gerarmos vida em nós mesmos, recebendo, assim, a vida pela decisão de Deus. Nossa reação deve ser de profunda e constante gratidão.

Todas as treze cartas de Paulo começam e terminam com o desejo de que os recipientes recebam graça de parte de Deus. A reação do crente consagrado só pode ser de gratidão. Especialmente enternecedora para Paulo é a inclusão dos gentios nos benefícios da salvação gratuita: "O Deus que concede perseverança e ânimo dê-lhes um espírito de unidade, segundo Cristo Jesus, para que com um só coração e uma só voz vocês glorifiquem ao Deus e Pai de nosso Senhor Jesus Cristo" (Rm 15.5,6). "Glorifiquem" nesse versículo quer dizer também "agradeçam" ao Deus que deu aos gentios o privilégio de serem incluídos nos planos de Deus. Paulo continua: "Pois eu lhes digo que Cristo se tornou servo dos que são da circuncisão, por amor à verdade de Deus, para confirmar as promessas feitas aos patriarcas, a fim de que os gentios glorifiquem a Deus por sua misericórdia, como está escrito: 'Por isso, eu te louvarei entre os gentios; cantarei louvores ao teu nome'" (Rm 15.8,9). Quem não agradece ao grande amor demonstrado por Deus na inclusão dos gentios frustra um dos principais propósitos da redenção realizada por Jesus em sua encarnação e paixão. A ressurreição e exaltação ao trono de Deus também anunciam o motivo central para a gratidão a Deus. Considere as palavras de Paulo: "Se é somente para esta vida que temos esperança em Cristo, somos, de todos os homens, os mais dignos de compaixão" (1Co 15.19).

Na prática dos justos do Antigo Testamento e dos santos do Novo a gratidão deve ser oferecida a Deus. É muito raro encontrar na Bíblia expressões de agradecimento apresentadas aos seres humanos que, com muito sacrifício, atenderam às necessidades dos líderes da igreja. Paulo menciona Prisca e Áquila, "meus colaboradores em Cristo Jesus. Arriscaram a vida por mim. Sou grato a eles; não apenas eu, mas todas as igrejas dos gentios" (Rm 16.4). Repetidas vezes o apóstolo manda cumprimentar esses heróis que congregam na igreja de Roma (Rm 16.5-18). A gratidão é uma dívida que precisamos pagar a Deus. Note a expressão: "Sempre dou graças a meu Deus por vocês, por causa da graça que lhes foi dada por ele em Cristo Jesus!" (1Co 1.4). Ainda que o apóstolo esteja tão consternado pela inconstância dos gálatas, ele não deixa de glorificar a Deus pelo Senhor Jesus Cristo "que se entregou a si mesmo por nossos pecados a fim de nos resgatar desta presente era perversa, segundo a vontade de nosso Deus e Pai, a quem seja a glória para todo o sempre. Amém" (Gl 1.4,5).

Uma longa doxologia introduz a carta aos Efésios (Ef 1.3-14). Em verdade é uma lista das bênçãos espirituais nos lugares celestiais que Deus oferece em Cristo para os que creem em seu Filho. Os leitores são convidados gentilmente a meditar com gratidão sobre as bênçãos como a eleição, a predestinação de Deus para a adoção de filhos, "conforme o bom propósito da sua vontade, para o louvor da sua gloriosa graça, a qual nos deu gratuitamente no Amado" (Ef 1.3-6,11). A gratidão permeia toda a lista que continua: "Redenção por meio do seu sangue, o perdão dos pecados, de acordo com as riquezas da graça de Deus, a qual ele derramou sobre nós com toda a sabedoria e entendimento" (v. 7,8). Essas bênçãos foram estendidas para nós "para que sejamos para o louvor da sua glória" (v. 12). Em outras palavras, o motivo que levou Deus a agir com tamanha bondade para conosco foi ter filhos gratos. Deus sela os salvos com o Espírito Santo da promessa. Ele é a garantia da nossa herança até a redenção dos que pertencem a Deus "para o louvor da sua glória" (v. 13).

De acordo com o ensinamento de Paulo sobre a adoração, deve-se notar a exortação ao dever de repetir ou cantar "salmos, hinos e cânticos espirituais, cantando e louvando de coração ao Senhor, dando graças constantemente a Deus Pai por todas as coisas, em nome de nosso Senhor Jesus Cristo" (Ef 5.19,20). Esquecer-se de dar graças a Deus com constância por tudo que acontece é pecado grave, pois consistiria em uma maneira de negar a soberania absoluta de Deus junto com seu amor. Se ele não planeja e executa tudo que acontece, teríamos razão para reclamar em vez de agradecer. A ação de graças demonstra o contentamento com as circunstâncias que Deus criou para nosso benefício, incluindo-se nossa disciplina.

Não há dúvidas de que não é fácil encaixar tudo que ocorre na vontade de Deus, mas a Bíblia nos instrui a dar graças, pois "sabemos que Deus age em todas as coisas para o bem daqueles que o amam, dos que foram chamados de acordo com o seu propósito" (Rm 8.28). Pela fé somos encorajados a crer que Deus envia com suas mãos amorosas as coisas ruins que nos frustram e incomodam. A fraqueza, a doença, o desemprego, a carência, os conflitos na família, a separação, tudo deve ser encarado como a vontade que Deus direcionou para nós, a fim de sermos mais dependentes dele: "Tudo o que fizerem, seja em palavra ou em ação, façam-no em nome do Senhor Jesus, dando por meio dele graças a Deus Pai" (Cl 3.17). Quem desobedece a essas ordens do Senhor em sua Palavra, peca pela ingratidão. Esse pecado surge da incredulidade.

De um ambiente eclesiástico em que são praticados meros atos religiosos podem surgir cristãos desprovidos da necessidade de expressar a gratidão pessoal, pois ela revela a alegria do coração que sente o glorioso privilégio que lhe foi concedido A gratidão se manifesta de forma invariável por meio do gozo e até do júbilo (1Pe 1.6-8). As reclamações e queixas que emanam da boca dos cristãos são mais aptas para comunicar um espírito amargurado que grato. A religiosidade que não toca o coração e nem reflete alegria no Senhor tem mais possibilidades de expressar ressentimento que gratidão.

Contraste o espírito de Davi, o fugitivo da espada de Saul, e o salmista que foi aceito na terra de Abimeleque na Filístia. Para salvar a vida ele se fingiu de louco. Foi para a terra do inimigo de Israel a fim de escapar da espada de Saul, mas quem realmente o protegeu foi Deus. Por isso ele demonstra um nível tão alto de gratidão: "Bendirei o Senhor o tempo todo! Os meus lábios sempre o louvarão. Minha alma se gloriará no Senhor; ouçam os oprimidos e se alegrem. Proclamem a grandeza do Senhor comigo; juntos exaltemos o seu nome" (Sl 34.1-3). Os sentimentos do salmo não condizem com a atitude ingrata. O autor, Davi, buscou o Senhor e ele lhe respondeu e o livrou de seus temores. Observou que aqueles que para quem o Senhor fica radiante de alegria; seu rosto jamais mostrará decepção. Quando o pobre homem clamou foi atendido "e o libertou de todas as suas tribulações" (Sl 34.4-6). Tornou-se patente que o acompanhamento do Senhor foi profundamente positivo. O salmista cita muitas razões para ser grato, mas nenhuma para pecar por ingratidão.

No meio das meditações de Davi é possível detectar sua fé robusta. O plano de procurar proteção na terra dos inimigos de Israel foi muito arriscado. Ainda que a fama de sua habilidade como guerreiro fosse conhecida, ele se abrigou nos braços do Deus único, poderoso e fiel. Assim também ocorrerá conosco: quanto mais viva e real nossa fé, mais evidente será nossa gratidão. A fé bíblica enxerga a mão de Deus em todas as circunstâncias da vida. Naturalmente, é muito mais fácil perceber a ordenação de Deus em tudo que nos beneficia, mas é bíblico agradecer por todas as circunstâncias, glorificando a Deus sempre: "Assim, quer vocês comam, bebam ou façam qualquer outra coisa, façam tudo para a glória de Deus" (1Co 10.31).

CAPÍTULO 30

Racismo

Uma característica cultural de todos os povos do mundo é o incentivo do orgulho racial. Desde a maldição de Babel (Gn 11), o preconceito racial marca fortemente os cidadãos nativos, enquanto os estrangeiros muitas vezes sofrem desprezo e exclusão. O nacionalismo de Israel e a exclusividade da religião judaica proibiram qualquer contato com os gentios. A vinda de Jesus, o Messias, transformou essa exclusividade em unidade. A mesma coisa aconteceu com os egípcios e hebreus. Considere Gênesis 43.32: "Serviram a ele (José) em separado dos seus irmãos e também dos egípcios que comiam com ele, porque os egípcios não podiam comer com os hebreus, pois isso era sacrilégio para eles". Miriam e Arão, irmã e irmão de Moisés, criticaram o grande líder escolhido por Deus por ter se casado com uma mulher etíope (Nm 12.1).

O maior perigo dos casamentos mistos era a contaminação dos israelitas com a idolatria e a religião pagãs. Salomão tropeçou ao tomar para si muitas mulheres: "À medida que Salomão foi envelhecendo, suas mulheres o induziram a voltar-se para outros deuses, e o seu coração já não era totalmente dedicado ao Senhor, o seu Deus, como fora o coração do seu pai Davi" (1Rs 11.4). É incrível a idolatria do homem usado para construir o templo e orar com o amor e dedicação a Deus — relato encontrado em 1Reis 8. Já no capítulo 11 se encontra este registro: "No monte que fica a leste de Jerusalém, Salomão construiu um altar para Camos, o repugnante deus de Moabe, e para Moloque, o repugnante deus dos amonitas" (v. 7).

Os israelitas contemporâneos de Neemias (sacerdotes, levitas, porteiros, cantores, servidores do templo e todos os que se separaram dos povos vizinhos por amor à Lei de Deus se obrigaram a manter a pureza de Israel com a promessa de "não dar nossas filhas em casamento aos povos vizinhos nem aceitar que as filhas deles se casem com os nossos filhos" (Ne 10.30). Não existe dúvida de que essa separação do povo de Deus objetivava manter a pureza da doutrina e da prática, da mesma forma que hoje, os crentes são proibidos pela Palavra de Deus de se casar com não cristãos.

A segregação existia há quatro milênios e continua até hoje. Essa é uma prática que tem manchado a história de vários países com a escravidão e o preconceito. Até 1994, a separação entre brancos e negros na África do Sul consistia no sistema imposto pelo governo colonial. Eu me lembro bem da separação exigida por lei no sul dos Estados Unidos nos anos anteriores à resistência pacífica promovida por líderes como Martin Luther King. O que mais assustava os sulistas era a mistura das raças na região mais evangélica do país chamada "The Bible Belt" ("Cinturão da Bíblia").

Ainda que a resistência forte contra a escravidão tenha surgido na América do Norte, grandes homens de Deus eram proprietários de escravos. George Whitefield, reconhecido como um dos mais poderosos evangelistas de todos os tempos, era dono de alguns escravos que trabalharam no orfanato que ele levantou e mantinha na colônia de Georgia. Wilberforce gastou muitos anos de sua vida e despendeu esforços extraordinários para conseguir que o Parlamento britânico proibisse o transporte de escravos em navios ingleses no início do século XIX.

Um centurião do exército da ocupação romana de Israel procurou Jesus para curar seu servo paralítico. Jesus aceitou o convite de bom grado (Mt 8.5-9). Quando o centurião declarou que não merecia receber Jesus debaixo de seu teto, ele pensava na exclusividade que separava os judeus dos gentios. Sua esperança era que Jesus apenas falasse uma palavra para o servo ser curado. Talvez Jesus ficasse menos preocupado com o fato de o capitão do exército estrangeiro não ter o direito de receber o benefício da cura do servo tão amado. Jesus não nutria nenhum preconceito, nem mesmo contra os romanos que dominavam o país. Essa autoridade romana reconheceu que Jesus era diferente dos judeus comuns. Creu que Jesus detinha uma autoridade no mundo espiritual semelhante à sua autoridade sobre os soldados do batalhão. Jesus comentou de imediato a respeito da fé extraordinária que o centurião demonstrara, superior a qualquer fé que Jesus havia encontrado em Israel. E acrescentou: "Eu lhes digo que muitos virão do oriente e do ocidente, e se sentarão à mesa com Abraão, Isaque e Jacó no Reino dos céus" (Mt 8.11). Assim o Mestre ensinou que os gentios teriam acesso pleno aos benefícios e às vantagens de Israel. A salvação será a recompensa de todos, gentios e israelitas que aceitam Jesus como Senhor e Salvador de sua alma.

Lucas relata a história de Cornélio, outro centurião que recebeu a visita de um anjo que o instruiu a mandar alguns servos para trazerem Pedro, que se encontrava na casa de Simão, o curtidor, a Cesareia. Pedro também teve uma visão em que foi ordenado matar e comer animais "impuros". Ele então entendeu que Deus estava lhe autorizando entrar na casa de um gentio. Disse então: "Agora percebo, verdadeiramente que Deus não trata as pessoas com parcialidade" (At 10.34). Paulo recebera a mesma revelação da plena unidade das raças no corpo de Cristo, pois escreveu: "Pois ele é a nossa paz, o qual de ambos [judeus e gentios] fez um e destruiu a barreira, o muro de inimizade, anulando em seu corpo a Lei dos mandamentos expressa em ordenanças. O objetivo dele era criar em si mesmo, dos dois, um novo homem, fazendo a paz, e reconciliar com Deus os dois em um corpo, por meio da cruz, pela qual ele destruiu a inimizade" (Ef 2.14-16).

O apóstolo afirma a posição da Nova Aliança: "Todos vocês são filhos de Deus mediante a fé em Cristo Jesus, pois os que em Cristo foram batizados, de Cristo se revestiram. Não há judeu nem grego, escravo nem livre, homem nem mulher; pois todos são um em Cristo Jesus" (Gl 3.26-28).

Concluímos que qualquer expressão de preconceito racista e de orgulho que se fundamente na cor da pele ou na cultura racial é pecado. Contraria a vontade de Deus para seus filhos pertencentes à mesma família pela graça salvadora que nos alcançou.

Qualquer forma de desprezo por causa de raça, cor, riqueza ou posição na sociedade é errada. Ela surge de uma atitude pecaminosa, enraizada no orgulho, que atribui parcialidade a Deus. Pela fé resistamos à constante tentação de depreciar o pecado como esse que possivelmente achamos que não seja nosso. Examine seu coração para verificar se não há nenhuma centelha de sentimento de superioridade por causa de sua cultura ou raça.

As tensões que afligem o Oriente Médio prejudicam muito a vida individual de raças distintas, religiões e povos que vivem na região. Quanto sofrimento caracteriza os povos que poderiam viver em paz! Se essas raças e grupos diversos pudessem tratar os diferentes povos como Jesus ordenou, a cooperação e o apoio mútuos estariam logo em evidência na forma de riqueza investida no benefício de todos. Arrogância racial e religiosa dividem e separam os filhos e as filhas de Adão, provocando conflitos e guerras. Jesus profetizou acerca dos tempos antes de sua volta assim: "Vocês ouvirão falar de guerras e rumores de guerras, mas não tenha medo. É necessário que tais coisas aconteçam, mas ainda não é o fim" (Mt 24.6). A fé derramada por Deus no coração de seus filhos deve eliminar o racismo. Afinal, os indivíduos de todas as raças também são amados por Deus. Jesus Cristo comprou com seu sangue "os que procedem de toda tribo, língua povo e nação" (Ap 5.9).

CAPÍTULO 31

Dureza de coração

Dureza de coração é a expressão utilizada pelo salmista para descrever a reação dos israelitas que se rebelaram na provação durante a caminhada do povo pelo deserto. Faltava água em Refidim, por isso as pessoas se queixaram com Moisés e exigiram que ele providenciasse água para beber. Moisés reagiu: "Por que se queixam a mim? Por que colocam o Senhor à prova?". Deus instruiu Moisés a usar a vara para bater na rocha do monte Horebe, "e dela sairá água para o povo beber". E chamou aquele lugar Massá ("provação") e Meribá ("rebelião"), porque ali os israelitas reclamaram e puseram o Senhor à prova, dizendo: "O Senhor está entre nós, ou não?" (Êx 17.7).

O salmo 95 se refere a essa ocasião: "Hoje, se vocês ouvirem a sua voz, não endureçam o coração, como em Meribá como aquele dia em Massá, no deserto, onde os seus antepassados me tentaram, pondo-me a prova, apesar de terem visto o que eu fiz" (Sl 95.7*b*-9). O autor de Hebreus cita o texto para exortar os cristãos hebreus a evitar esse pecado que provoca a ira do Senhor (Hb 3.7-11), pois ele negou a possibilidade de sua entrada no descanso do Senhor.

Assim consta na advertência do texto de Hebreus: "Cuidado, irmãos, para que nenhum de vocês tenha coração perverso e incrédulo que se afasta do Deus vivo" (Hb 3.12). Corações duros revelam carência de fé. Isso aconteceu com os dez espias que voltaram da Terra Prometida com a reação negativa. Eles não acreditaram que o Deus que supriu todas as suas necessidades, incluindo-se a saída da escravidão no Egito, tinha poder ou vontade para lhes conceder a terra. O coração que se endurece pertence ao "irmão" que reclama porque Deus não lhe deu o que julga necessário. A fraqueza da sua fé acusa o Senhor de falhar em suprir as necessidades reais ou desejadas.

A frase comunica muito bem o conceito do relacionamento com Deus em que a intimidade com ele diminuiu. A pessoa não sente mais a alegria da comunhão com ele. Se empregarmos as palavras de Isaías: "Com alegria vocês tirarão água das fontes da salvação" (Hb 12.3) evitaremos esse pecado. Quando as fontes começam a secar, quando a alegria da salvação desaparece, e o espírito fica amargurado, o coração se torna duro; ele perdeu a sensibilidade do primeiro amor.

Se não houver cuidado para evitar que o coração chegue a enrugar, o processo de endurecimento seguirá até o ponto de questionar se de fato o Espírito Santo habita no íntimo. Para manter o frescor e a vitalidade do relacionamento com Deus, os crentes receberam esta ordem: "Encorajem-se uns aos outros todos os dias, durante o tempo que se chama 'hoje', de modo que nenhum de vocês seja endurecido pelo engano do pecado" (Hb 3.13). Somos criaturas que reagem de modo positivo quando mantemos contato com irmãos entusiasmados com a graça salvadora. Igrejas lideradas por pastores que demonstram amor intenso ao Senhor e comunicam esse amor pelo ensino poderoso da Palavra, oferecem um meio que cria redes de encorajamento mútuo.

O texto de Hebreus aponta para a importância de fazer esses contatos encorajadores com frequência: "Encorajam-se todos os dias". O pr. Richard Lucas, de Londres, dizia: "Deus não pode confiar em nossa lealdade nem 24 horas!". Precisamos da renovação da nossa fé e do compromisso com o Senhor todos os dias. Jeremias diz em Lamentações 3: "Graças ao grande amor do SENHOR é que não somos consumidos, pois as suas misericórdias são inesgotáveis. Renovam-se cada manhã; grande é sua fidelidade!" (v. 22,23). Todos nós que nos orgulhamos com o título "filhos de Deus" precisamos sempre relembrar nossos privilégios. Fomos muito agraciados.

Ficamos muito contristados com as pessoas que fecham os ouvidos quando escutam o convite da mensagem do amor de Deus que oferece a salvação eterna de sua alma. Pense bem no caso do rei Agripa II, bisneto de Herodes, o Grande, que matou as crianças de Belém na tentativa de eliminar Jesus. Esse rei teve interesse em ouvir Paulo explicar o motivo de sua detenção em Cesareia Marítima, por volta do ano 59 d.C. O apóstolo contou a história de sua conversão extraordinária e então apelou de forma direta a Agripa que considerasse o fundamento bíblico para aceitar a salvação eterna provida em Cristo. A resposta do rei foi: "Você acha que em tão pouco tempo pode convencer-me a tornar-me cristão?" (At 26.28). Essa resposta cínica de Agripa mostra a dureza do coração do rei arrogante.

O apelo aos crentes para não endurecerem o coração foi repetido várias vezes no livro de Hebreus, mas o apelo aos não cristãos — a fim de que não fechem os ouvidos ou rejeitem a mensagem — ocorre ainda mais vezes. O salmo 2 oferece um exemplo da advertência aos reis que se recusam à submissão ao Filho de Deus: "Tu as quebrarás com vara de ferro e as despedaçarás como a um vaso de barro. Por isso, ó reis, sejam prudentes; aceitem a advertência, autoridades da terra. Adorem o SENHOR com temor; exultem com tremor. Beijem o filho, para que ele não se ire e vocês não sejam destruídos de repente" (Sl 2.9-12*a*).

Uma das gloriosas promessas da Nova Aliança — que Deus faria com seu povo — inclui a remoção do coração de pedra: "Aspergirei água pura sobre vocês e ficarão puros; eu os purificarei de todas as suas impurezas e de todos os seus ídolos. Darei a vocês um coração novo e porei um espírito novo em vocês; tirarei de vocês o coração de pedra e lhes darei um coração de carne" (Ez 36.25,26). O versículo 27 explica como esse coração de carne se tornaria macio e jamais voltaria a ser duro com pedra — ocorreria a transformação da concessão do Espírito Santo que os levaria a agir de acordo com os decretos de Deus e a obedecer com fidelidade as leis do Senhor.

A fé enfraquecida inicia o processo de endurecimento do coração. O peregrino com a fé tênue como teia de aranha, enfrenta a longa caminhada no deserto com atitude de reclamação, e não de gratidão. É necessário que a fé se fortaleça e o coração fique sensível, repleto do amor de Deus para nutrir a esperança e entrar no maravilhoso descanso celestial (cf. Hb 4.11).

No tempo de Jeremias, havia pessoas caracterizadas pela dureza de coração: "Todos eles são rebeldes obstinados, e propagadores de calúnias. Estão endurecidos como o bronze e o ferro. Todos eles são corruptos" (Jr 6.28). Essa obstinação existia no coração dos judeus porque eles não tinham meios de avaliar e discernir as mensagens procedentes de Deus e as pronunciadas pelos falsos profetas. Um problema igual surgiu no tempo do apóstolo João, em Éfeso. Profetas heréticos enganavam o povo de Deus. João escreveu: "Amados, não creiam em qualquer espírito, mas examinem os espíritos para ver se eles procedem de Deus, porque muitos falsos profetas têm saído pelo mundo" (1Jo 4.1). Dar crédito aos hereges endurece o coração porque abre a porta para o inimigo destruir a fé dos crentes que não examinam a veracidade da mensagem pregada, se vem de Deus ou do demônio.

Em Apocalipse, João descreve que o sexto anjo tocou sua trombeta e foram soltos quatro anjos para matar um terço dos homens (v. 13-15), e que o "restante da humanidade que não morreu por essas pragas, nem assim se arrependeu das obras das suas mãos; eles não pararam de adorar os demônios e os ídolos de ouro, prata, bronze, pedra e madeira, ídolos que não podem ver, nem ouvir, nem andar. Também não se arrependeram dos seus assassinatos, das suas feitiçarias, da sua imoralidade sexual e dos seus roubos (Ap 9.20,21). A dureza de coração impediu de modo total que a pressão para aceitar a salvação oferecida por Deus. A causa da rejeição do gracioso convite divino foi a dureza de coração, que se encontrava sólida como pedra.

Mais um exemplo de dureza de coração aparece no Apocalipse: "O quinto anjo derramou a sua taça sobre o trono da besta, cujo reino ficou em trevas. De tanta agonia, os homens mordiam a própria língua, e blasfemavam contra o Deus dos céus, por causa das suas dores e das suas feridas; contudo, recusaram arrepender-se das obras que haviam praticado" (Ap 16.10,11). Esses textos bíblicos são muito significativos porque explicam bem o efeito da dureza de coração.

CAPÍTULO 32

Secularização

Antes da Reforma do século XVI, a Igreja Católica Romana dominava a sociedade e controlava a Europa ocidental. Reis ascendiam ao poder com a autorização do papa. A Igreja detinha duas espadas, a espiritual — com as chaves do Reino e a do governo secular. Com esses meios eficazes, Roma manteve a sociedade submissa à vontade do papa e ao ensino dos mestres católicos. O termo secularizar foi escolhido para descrever os votos anulados de monges e freiras na saída do mosteiro ou convento. Os monges e as freiras que abandonavam as "casas de reclusão" se "secularizavam". Voltaram para a vida "mundana", secular.

A palavra "século" traduz o vocábulo *aion* em grego que literalmente significava "era". Veja a palavra de Jesus: "Todo aquele que dizer uma palavra contra o Filho do homem será perdoado, mas quem falar contra o Espírito Santo não será perdoado, nem nesta **era** nem na que há de vir" (Mt 12.32). Paulo também empregou o termo: "Não se amoldem ao padrão deste mundo (lit. "era"), mas transformem-se pela renovação da sua mente, para que sejam capazes de experimentar e comprovar a boa, agradável e perfeita vontade de Deus" (Rm 12.2). A graça "nos ensina a renunciar à impiedade e às paixões mundanas e viver de maneira sensata, justa e piedosa nesta era (gr. *aion*) presente. O contraste que o Novo Testamento apresenta em Efésios 1.21 entre as duas "eras", a presente e a que há de vir, enfatiza o contraste entre a cultura mundana, em revolta contra Deus e sua lei, e a era depois da vinda de Cristo quando "a terra se encherá do conhecimento da glória do Senhor, como as águas enchem o mar" (Hb 2.14). O domínio da igreja nos séculos entre Agostinho e Lutero não cumpriu a esperança profética de Habacuque.

Hoje, esse domínio da igreja sobre a sociedade ocidental diminuiu até o ponto de tornar escasso perseguições de dissidentes e hereges. A mídia tem dado seu apoio ao movimento que exclui Deus e o domínio eclesiástico da vida social, educacional e política. A opinião da igreja não influencia as decisões econômicas nem as sociais. Os governos democráticos dependem do voto dos cidadãos, de modo que o que importa para as autoridades é saber o que pensam e querem os apoiadores do partido do governo. O poder passou das mãos da igreja para as das autoridades eleitas pelo povo.

A Reforma do século XVI enfraqueceu sobremaneira a autoridade da Igreja Católica. Igrejas independentes e denominações protestantes surgiram e se multuplicaram devido à divulgação das sagradas Escrituras traduzidas das línguas originais para o alemão, por Lutero, e para o inglês, pelos habilidosos Wycliffe e Tyndale. Com a Bíblia na língua do povo, a oposição a padres e pastores se tornou possível.

Mas o lado negativo apareceu logo com a secularização das instituições, em especial no campo da educação. Uma ilustração logo vem à mente. Professores inteligentes proclamam a teoria da evolução que de forma paulatina transforma macacos em homens, micróbios em animais e bactérias em plantas — sem a interferência e o planejamento do Deus da Criação. A teoria da evolução virou ciência nas escolas patrocinadas pelo Estado. Os alunos escutam professores ateus que procuram persuadir os alunos crentes que a Bíblia é a Palavra de Deus a abandonar a fé. A secularização propõe aos jovens que Romanos 1.20 não seja a verdade: "Pois desde a criação do mundo os atributos invisíveis de Deus, seu eterno poder e sua natureza divina, têm sido vistos claramente, sendo compreendidos por meio das coisas criadas, de forma que tais homens são indesculpáveis". A secularização domina as maiores e mais famosas universidades do mundo ocidental. A maioria dos professores, se crê que Deus existe, adota a posição do deísmo: se Deus existe e criou o universo, ele o fez como uma máquina. As leis da natureza funcionam como o motor de um automóvel, unicamente pelas leis de causa e efeito.

Conta-se a história do professor que ensinava filosofia. Na primeira aula, ele indagou quantos alunos criam em Deus. A maioria aceitava a existência de Deus. Em seguida quis saber quantos criam que Deus era pessoal. Algumas mãos foram abaixadas. Em seguida, perguntou quais alunos criam que Deus escuta orações e as responde. A maioria não acreditava na declaração. Mesmo assim, uns poucos criam que Deus responde à oração. Na sequência, o professor tirou um ovo do bolso e perguntou quantos alunos criam que se ele deixasse o ovo cair no chão de cerâmica, o ovo não se quebraria em resposta à oração. Então ele disse: "Podemos estudar filosofia". Um dia o inacreditável ocorreu. Um aluno novo manteve a mão erguida. O professor ficou tão chocado com a teimosia do rapaz que deixou o ovo cair sobre seu sapato e ele não se quebrou. A vergonha do professor foi tamanha que ele abandonou essa maneira de humilhar os alunos cristãos.

Com muita frequência encontramos, na mídia, nos livros e nas revistas, artigos e obras literárias que contrariam de forma aberta os relatos bíblicos. Não se espera que o mundo ocidental secularizado apresente uma posição favorável à Bíblia; no entanto, também não concordamos com a manipulação da parte de professores que tentam abalar a fé dos jovens com seu conhecimento de alguns fatos deste mundo, mas não falam de questões que tocam na origem do universo, do mundo, da vida e das realidades invisíveis. É uma maneira de utilizar uma forma de "lavagem cerebral".

Pouco tempo atrás, em uma das mais prestigiosas universidades do Brasil, alguns pesquisadores e professores cristãos marcaram um debate para esclarecer a questão das origens. O debate procuraria apresentar os melhores argumentos a favor da evolução darwiniana *versus* as declarações bíblicas sobre a Criação. Um dia antes do marcado para a realização o encontro, a direção da universidade o cancelou. Foi mais uma amostra da intolerância ao cristianismo bíblico para ganhar espaço no mundo secular. Ou por receio de perder o debate, ou por temor de perder prestígio junto ao mundo em que Deus é tema de opinião, e não de ciência, as autoridades excluíram o debate sobre a Criação e a ciência. A secularização se recusa considerar a possibilidade que haja mais que átomos, moléculas e partículas se movimentando e afetando as mudanças observadas no mundo e no universo todo.

Um crente jovem, sem conhecimento das descobertas mais recentes, facilmente se impressiona com a erudição dos professores, escritores e pesquisadores universitários. Pode engolir alguns dos seus ensinamentos e abandonar uma fé na inspiração verbal das Escrituras. No entanto, o perigo que os cristãos sofrem em consequência dessa campanha de persuasão pode levá-los ao esfriamento e até à adoção de heresias. Pode influenciar irmãos despreparados a abandonar a fé. Foi esse mal que Paulo combateu ao escrever: "O ensino deles alastra-se como câncer; entre eles estão Himeneu e Fileto. Estes se desviaram da verdade, dizendo que a ressurreição já aconteceu, e assim a alguns pervertem a fé" (2Tm 2.17,18). A ressurreição dos mortos não ocorrerá de acordo com as leis que governam a natureza; assim, não é uma doutrina aceitável em sentido científico.

A secularização é a maior força intelectual dos nossos dias no mundo ocidental. À medida que um número cada vez maior de alunos evangélicos se matricula nas escolas de ensino superior e entram em contato com professores que não admitem a veracidade do cristianismo, aumenta o perigo de os cristãos abandonarem sua fé. A negação da crença histórica é anunciada pelos professores e escritores seculares. Considere os países da Europa que formaram o berço da fé evangélica que hoje abrigam apenas pequenas minorias de crentes bíblicos. A secularização, como o leão rugindo à procura de quem devorar (1Pe 5.8), ameaça todo cristão sem convicção bíblica, conhecimento histórico ou comprometimento com a fé evangélica. A pequena fé do aluno que não tem o apoio de uma igreja fundada com firmeza nas Escrituras terá dificuldade em se defender e se fortalecer. Para evitar os estragos promovidos nas escolas não evangélicas, as igrejas previnem seus jovens com o conhecimento das evidências que enfraquecem bastante os argumentos secularizantes.

Para quem se interessar, o professor Adauto Lourenço tem excelente material para fundamentar uma fé bíblica.[13]

---

[13] Material disponível em: http://www.universocriacionista.com.br.

CAPÍTULO 33

Irresponsabilidade

Este pecado fica muito próximo dos da mentira e infidelidade. A pessoa irresponsável percebe o mundo como seu devedor. Não tem disposição de contribuir, mas, obviamente é um consumidor. Entende que, como não pediu para nascer, alguém deve cuidar dele, suprindo suas necessidades de alimento, roupa, casa e tudo que precisar ou desejar. O indivíduo irresponsável procura os prazeres da vida como o jovem que deixou o lar na "parábola do filho pródigo", contada por Jesus. Não raro, a irresponsabilidade é passada de pais para filhos.

É preciso inculcar a responsabilidade no coração da criança bem cedo na vida, uma disciplina que Morgan Scott Peck descreve no livro *A trilha menos percorrida*[14] como prioridade para a criança. Essa atitude deve ser fundida na consciência, de maneira que logo que a criança passa da meninice para a adolescência, não se torne vítima de drogas, álcool ou a prática do sexo fora do casamento. Se o filho não aprender a ter responsabilidades cedo na vida, os pais provavelmente serão obrigados a conviver

---

[14] Rio de Janeiro: Nova Era, 2004, p. 332.

com tristeza e angústia. O filho ou a filha aos poucos perde o prazer de viver, a não ser quando satisfaz seu vício. Perde-se a esperança que alimenta a motivação para que o jovem se esforce e cumpra as promessas feitas.

Não são poucos os lares que sofrem com um ou mais filhos que questionam a fé dos pais. Ainda mais difícil são os casos em que um dos pais é cristão, comprometido com a fé, e o outro cônjuge é indiferente ou até hostil. Sem dúvida é por essa razão que a Bíblia ordena que o crente se case apenas com alguém da mesma fé. A proibição do casamento misto encontra confirmação em 1Coríntios 7: "A mulher está ligada a seu marido enquanto ele viver. Mas, se o seu marido morrer, ela estará livre para casar com quem quiser, contanto que ele pertença ao Senhor" (v. 39). Várias ferramentas existem para fortalecer a fé dos pais que abraçaram a prioridade de passar a disciplina cristã aos filhos. Eles mantêm o culto doméstico com o(s) filho(s) todos os dias. Não só leem a Palavra, também a explicam da melhor maneira possível. Os pais oram com regularidade com os filhos e a favor deles. Comentam sobre as respostas à oração, mostrando que o "acaso" não pode explicar o ocorrido. Dá tarefas e estabelece regras para ele(s). Concede recompensas e também as retira, além de castigar o não cumprimento de tarefas e responsabilidades.

Os bons pais restringem programas de TV que promovem a imoralidade e outras práticas condenadas na Bíblia. Não permitem que os filhos andem com jovens irresponsáveis da vizinhança. Os pais investem o máximo esforço de participar com eles nos cultos de uma igreja em que a Bíblia é honrada pela exposição e a obediência às ordens da Palavra de Deus — o ensino da Bíblia e as práticas cristãs devem ter o apoio do ensino e da vida consagrada dos membros. Eles encorajam os filhos a ler bons livros, em especial biografias de heróis da fé cristã.

O pastor e conferencista Darrin Patrick observou que muitos jovens dos nossos dias estão vivendo suspensos entre a adolescência e a maturidade. Eles sentem grande dificuldade para se dedicar a um trabalho e crescer em um ambiente que exige responsabilidade para manter mulher, filhos e lar. O resultado dessa imaturidade é voltar para casa e viver com os pais, casar-se só depois dos 30 anos. Muitos mantêm relações íntimas com jovens do sexo oposto sem assumir o compromisso do casamento e geram filhos que são deixados com a mãe ou os avós. O jovem cristão convive com não cristãos, resultando na forte atração da influência da cultura mundana.

Pais que têm fé tênue ou frágil raras vezes estarão dispostos a fazer todo o possível para inculcar responsabilidade nos filhos. Acredito que os pais não cristãos podem criar filhos responsáveis da mesma forma que os cristãos comprometidos, porém, essa qualidade tão desejável pode consistir apenas na responsabilidade derivada da moralidade secular. Muitos pais estão satisfeitos com o comportamento agradável e com filhos obedientes que não mintam. Uma vez que nosso alvo é cumprir a ordem bíblica, devemos criar os filhos "segundo a instrução e o conselho do Senhor" (Ef 6.4*b*): os pais devem ter um alvo mais espiritual. A fé robusta e viva se faz necessária para tanto. O coração pertencente de modo total a Deus é essencial para conduzir os passos dos filhos nos caminhos do Senhor.

Quero contar a história de um filho irresponsável, a quem o pr. Timothy Bayly tentou ajudar:

> Sentei-me em um pequeno café para ouvir o filho de um membro de uma importante igreja. O rapaz sintetizou seu relacionamento com o pai. "Nada do que eu fazia lhe agradava".
>
> Já próximo dos 30 anos, esse filho era uma dessas pessoas que parece nunca se dar bem na vida; divorciado, incapaz de estabilizar-se em um trabalho. Seus filhos, semana após semana, eram levados de cá para lá, de um lar desfeito para outro. Ele comparecia à igreja apenas no Natal e na Páscoa, portanto nosso encontro naquele café de manhã foi na prática a única oportunidade que tive. Seus olhos revelavam o último brilho do que já fora uma chama ardente do anseio paterno — Deus põe no coração de todos os seus filhos esse anseio. Nenhum de meus professores de seminário mencionara esse anseio, e eu não tinha a menor ideia de como oferecer cura à aquela alma. Incapaz de responder a essa tristeza, permaneci em silêncio.[15]

Nestas palavras encontramos a tragédia dos filhos que não foram treinados para viver com responsabilidade.

Este parágrafo mostra a essência da responsabilidade de criar filhos responsáveis. É o encorajamento do pai e a presença dele junto ao filho nesse período de desenvolvimento fundamental na formação do caráter do jovem. Responsabilidade se ensina ou aniquila. A falta de responsabilidade revela a ausência de fé forte que confia no Senhor de todo o coração. Nunca se deve esperar estabelecer a vida com responsabilidade genuína sem Deus e sua Palavra orientando todos os caminhos.

---

[15] *Famílias fortes, igrejas fortes.* Wayne Grudem, Dennis Rainey (orgs.). São Paulo: Vida, 2005, p. 135*s*.

Os pais que criam filhos responsáveis mantêm uma exigência primordial em relação a si mesmos: responsabilidade. Não é possível passar aos filhos o que os pais não são, mas é um disparate pensar que poderemos criar filhos sendo irresponsáveis.

Existem vários casos na Bíblia que ilustram os perigos da criação de filhos sem regras que precisam ser obedecidas a todo custo. O triste caso de Siquém, que violentou Diná, é um exemplo. Quando o pai do jovem pediu Diná em casamento para seu filho, os filhos de Jacó responderam que não poderiam permitir que Siquém se casasse com a irmã deles sem que todos os cidadãos do sexo masculino passassem pela cerimônia da circuncisão. Siquém e seu pai Hamor convenceram os homens da cidade a se circuncidarem. Quando ainda se recuperavam, Simeão e Levi pegaram suas espadas e atacaram a cidade desprevenida, matando todos os homens. Parece que os dois filhos de Jacó não ponderaram o perigo criado com essa ação mal pensada. Jacó colocou a situação assim: "Vocês me puseram em grandes apuros, atraindo sobre mim o ódio dos habitantes da terra. Somos poucos, e se eles juntarem suas forças e nos atacarem, eu e a minha família seremos destruídos" (Gn 34.30). Só a graça e o poder de Deus não permitiram que a falta de responsabilidade de Simeão e Levi acabasse em desastre para a família eleita de Deus trazer no futuro a salvação para o mundo.

Não devemos imaginar que a fé e a irresponsabilidade sejam parceiras aos olhos de Deus! Os dois filhos de Jacó enganaram os cananeus com mentiras e duplicidade. Agiram de forma irresponsável e desonraram a Deus.

CAPÍTULO 34

A busca da glória dos homens

Jesus comentou a dificuldade dos judeus em crer na mensagem por ele pregada. A barreira fundamental era a aceitação de glória uns dos outros, mas não procuravam a glória proveniente do Deus único (Jo 5.44).

Em muitas situações da vida, a glória ou honra a que vem de Deus se mostra incompatível com a glória procurada pelos homens. Nossa autoestima não raro depende da opinião expressada pelas pessoas a nosso respeito. A estima faz parte do nosso sentimento de aceitação da parte de amigos e colegas. Isso estimula o prazer provido pelos elogios alheios. Mas essa "glória" não terá valor algum se não coincidir com a glória que Deus nos dará no dia em que ele há de julgar as obras de cada um (1Pe 1.17). Afinal, esta vida passageira logo evaporará! Tiago escreve em sua carta: "Que é sua vida? Vocês são como a neblina que aparece por um pouco de tempo e depois se dissipa" (Tg 4.14).

A razão do valor maior concedido à honra recebida dos homens que à glória da vinda do Senhor se explica pelo fato de os elogios recebidos dos homens serem imediatos, seguros, evidentes e palpáveis. Além do mais, não se exige fé na glória futura que Deus nos dará.

A medalha de ouro recebida pela vitória em alguma competição olímpica com os melhores atletas do mundo é uma honra bastante desejável. Os valores humanos deste mundo parecem mais desejáveis que os oferecidos por Deus no futuro. A fama, o lucro financeiro e o reconhecimento de milhões de admiradores parecem muito mais desejáveis que a glória divina a ser recebida pelos servos do Senhor. A Bíblia garante que os filhos comprometidos com o serviço de Deus, mas desprezados pelo mundo, na realidade, receberão glória maior e muito mais duradoura. Essa recompensa futura só pode ser procurada e esperada pela fé. Jesus tornou popular a expressão: "Os primeiros serão os últimos e os últimos os primeiros".

No entanto, desprezar a glória do mundo e crer no incomparável valor da glória "que em nós será revelada", requer a confiança suficientemente forte para enfrentar os sofrimentos e o desprezo do mundo. A glória oferecida por Deus a seus filhos será um tesouro tão valioso que qualquer sacrifício ou sofrimento será insignificante (Rm 8.18; 2Co 4.16). Paulo estava convicto da esperança nutrida pela fé a ponto de declarar: "Sendo assim, não corro como quem corre sem alvo, e não luto como quem esmurra o ar. Mas esmurro o meu corpo e faço dele meu escravo, para que, depois de ter pregado aos outros, eu mesmo não venha a ser reprovado" (1Co 9.26,27).

A força da fé do apóstolo o persuadiu de que os sacrifícios suportados em sua vida de abnegação não eram algo desprovido de valor. Os prazeres e confortos que a vida pode proporcionar são passageiros. Nas próprias palavras dele detectamos essa fé: "Mas o que para mim era lucro, passei a considerar como perda, por causa de Cristo. Mais do que isso, considero tudo como perda, comparado com a suprema grandeza do conhecimento de Cristo Jesus, meu Senhor, por quem perdi todas as coisas. Eu as considero como esterco para poder ganhar Cristo e ser encontrado nele, não tendo a minha própria justiça que procede da Lei, mas a que vem mediante a fé em Cristo, a justiça que procede de Deus e se baseia na fé. Quero conhecer Cristo, o poder da sua ressurreição e a participação em seus sofrimentos, tornando-me como ele em sua morte para, de alguma forma, alcançar a ressurreição dentre os mortos" (Fp 3.7-11). A glória futura era muito mais interessante ao apóstolo que a euforia de comentários de bajuladores.

A motivação que o Senhor quer implantar no coração de seus filhos se resume no desejo que ultrapassa os demais. Se Deus enviou seu Filho para nos salvar foi para que o glorifiquemos. Quando nos importamos mais com a glória vinda dos homens, desvalorizamos a glória oferecida por Deus pela glória passageira dos homens.

O mandamento que não obedecemos por falta de fé e atenção se encontra em 1Coríntios 10.31: "Assim, quer vocês comam, bebam ou façam qualquer outra coisa, façam tudo para a glória de Deus".

A glória de Deus significa que a honra e a valorização de Deus não têm medida ou limite. Se todas as criaturas do universo que já viveram, vivem agora ou viverão no futuro oferecessem toda a honra da qual seriam capazes, seria muito pouco em comparação com a perfeição e o valor merecidos por Deus.

Uma comparação com a importância com o sol para a vida na terra é uma ilustração fraca e limitada para mostrar o incomparável valor de Deus. O sol mantém todas as formas de vida na terra. Ele evapora a água do mar que se condensa sob a forma de nuvens que os ventos, também formados pelas distinções de temperatura na superfície da terra, são levados para regar os campos e formar os rios que fornecem água e energia para as plantas crescerem e fazer crescer frutas e sementes que alimentam todos os tipos de vida. O sol faz mais que esquentar a temperatura para possibilitar a sobrevivência das criaturas: ele também fornece a luz que estimula a fotossíntese, essencial para agilizar a clorofila a fim de que as plantas cresçam e produzam alimentos. Além do mais, o sol fornece a luz que elimina a cegueira da escuridão da noite para nos dar a visão clara do dia.

Deus é incomparavelmente mais valioso para suas criaturas do que o sol é para a terra. A ordem divina para que todos os homens o glorifiquem em todas as suas atividades implica no reconhecimento da verdade mais abrangente de todas: "Pois dele, por ele e para ele são todas as coisas. A ele seja a glória para sempre!" (Rm 11.36). Portanto, glorificar a Deus quando comemos ou bebemos, deve implicar no reconhecimento de que todo alimento (frutas, carnes, pães, grãos e muitos outros tipos de comida) e toda bebida (água, sucos, líquidos) vêm de suas generosas mãos. Nós não merecemos nada que ele nos dá, pois somos criaturas pecadoras, ingratas e egoístas. Pense nas palavras de Jesus: "Ele faz raiar o seu sol sobre maus e bons e derrama chuva sobre justos e injustos" (Mt 5.45*b*). Sabemos que não há nenhum justo na terra (Rm

3.10). Os "bons" e "justos" no caso são os seus "filhos" — que receberam a justiça atribuída por Deus. Por isso eles procuram glorificar a Deus acima dos homens.

Glorificar a Deus em tudo que fizermos significa transformar todas as atividades em ato de adoração. Paulo diz a Timóteo: "Nos últimos tempos alguns abandonarão a fé e seguirão espíritos enganadores e doutrinas de demônios" (1Tm 4.1). Os ensinamentos desses hereges proibirão "o casamento e o consumo de alimentos que Deus criou para serem recebidos com ação de graças pelos que creem e conhecem a verdade. Pois tudo o que Deus criou é bom, e nada deve ser rejeitado, se for recebido com ação de graças, pois é santificado pela palavra de Deus e pela oração" (1Tm 4.3,4).

Nosso Pai celeste nos assegura que tudo o que ele criou para comer e beber, e que não faz mal à saúde, pode ser comido sem o perigo de nos contaminar em sentido espiritual. A bondade de Deus é tal que ele não proíbe alimentos que não prejudiquem a saúde. Se "tudo o que Deus criou é bom" (1Tm 4.4), podemos ingerir confiantes todas as coisas por ele criadas para nosso bem-estar. Os emissários do Demônio queriam persuadir os crentes a crer na mentira de que nem tudo o que Deus criou era bom para a ingestão por razões espirituais. No entanto, quando alimentos saudáveis são digeridos, eles devem ser recebidos com gratidão a seu Criador. Deus se revela por meio das coisas criadas. Assim, quem recebe alimentos com ação de graças e oração, comendo e bebendo alimentos santificados pela palavra de Deus e pela oração, não peca; faz bem. Respondendo à pergunta: Como podemos glorificar a Deus comendo e bebendo? A gratidão sentida e expressada por meio da oração santifica tudo o que Deus criou para ser recebido.

CAPÍTULO 35

Comentários que diminuem o respeito a um irmão

A prática comum de comentar as fraquezas dos membros da família sem pensar nas consequências negativas que as palavras podem criar, é pecado. Se chamarmos um filho de "porco", "burro" ou outra metáfora condenada por Deus, criamos uma impressão negativa e falsa. Jesus se referiu a esse pecado quando falou: "... qualquer que disser a seu irmão: 'louco', corre o risco de ir para o fogo do inferno" (Mt 5.22*b*). Nunca imaginaríamos que usar a descrição negativa de um irmão, da esposa, do filho ou colega poderia ser motivo de condenação da parte de Deus. Na severa denúncia da linguagem leviana usada por seus contemporâneos, Jesus afirmou: "Mas eu lhes digo que, no dia do juízo, os homens haverão de dar conta de toda palavra inútil que tiverem falado. Pois por suas palavras vocês serão absolvidos, e por suas palavras serão condenados" (Mt 12.36,37). Palavras inúteis seriam termos usados sem reflexão e sinceridade. Porém, elas machucam e com certeza são pecaminosas. Senão, porque Jesus teria falado com tanta seriedade a respeito dessa prática comum?

Palavras pejorativas, que desprezam pessoas criadas à imagem de Deus, devem ser de todo eliminadas do nosso falar. Elas são pecaminosas e muitas vezes criam mágoas difíceis de perdoar ou esquecer. Especialmente perigoso é dizer ao filho uma palavra, ou adjetivo, que pode marcar sua vida toda. As crianças não devem ser chamadas de "macaco", "porco", "burro" ou outro "animal" qualquer com conotação de desprezo. As crianças podem mostrar qualidades negativas de imaturidade, mas os filhos devem ser criados com paciência e amor; eles corresponderão à afeição e ternura recebidas da parte dos pais e irmãos.

A mesma advertência serve para a igreja. Jesus compara os crentes recém-convertidos e, portanto, imaturos na fé aos "[filhos] pequeninos" de uma família: "Cuidado para não desprezarem nem um só destes pequeninos! Pois eu lhes digo que os anjos deles nos céus estão sempre vendo a face do meu Pai celeste" (Mt 18.10,11); "Quem recebe uma destas crianças em meu nome, está me recebendo. Mas se alguém fizer tropeçar *um destes pequeninos que creem em mim,* melhor lhe seria amarrar uma pedra de moinho no pescoço e se afogar nas profundezas do mar" (v. 5,6). Jesus fazia referência aos novos na fé que creem nele. Trata de palavras mal pensadas que ofendem os ouvintes por falta de respeito. Palavras mal escolhidas podem afastar a pessoa da fé que começava a brotar em seu coração. A responsabilidade dos cristãos mais fortes e firmes é acolher os novos membros da família de Deus com o maior cuidado possível. Em nenhum caso se deve usar linguagem negativa sem a intenção de edificar e abençoar. O novo convertido precisa de encorajamento e edificação tanto como as crianças precisam de um ambiente positivo.

O pecado de tratar o recém-convertido sem o devido cuidado ganha força na desconfiança de que a conversão do novato seja real. Se o progresso inicial do bebê em Cristo não revelar o compromisso real e transformador, a tentação pode ser de relegá-lo ao desprezo merecido pelos incrédulos insinceros. Jesus se opôs com força a essa prática com a advertência de que seria melhor o ofensor se suicidar a fazer um desses "pequeninos" tropeçar. Eles são pessoas regeneradas de verdade.

O meio-irmão de Jesus, Tiago, tinha bastante consciência do mal que a língua mal orientada pode fazer entre o povo de Deus. As divisões na igreja de Corinto foram criadas pelo desprezo de um mestre em comparação a outro. A tendência de exaltar o líder favorito, e assim desprezar outro servo de Deus, estimula comentários negativos acerca de um ou de outro. Em Corinto, as marcas da imaturidade dos cristãos "carnais" foram identificadas como "inveja e divisão" e os irmãos condenados pelo "mundanismo" (1Co 3.1-3). A politicagem na igreja não é algo conveniente pelo fato de refletir uma invasão satânica e carnal (Gl 5.19-21): "Afinal de contas, quem é Apolo? Quem é Paulo?", pergunta o apóstolo: "Apenas servos [*diakonos*] por meio dos quais vieram a crer, conforme o ministério de cada um" (1Co 3.5). Paulo condena a atitude dos irmãos que tentavam fazer um obreiro parecer inferior mediante o uso de comentários negativos sobre a sua pessoa.

Particularmente perigosa é a língua do "mestre" que exalta sua maneira de ensinar e administrar a igreja local e despreza outro pastor, que recebeu um dom diferente ou modo de ensinar. Quase sempre a exaltação de si mesmo, comparando-se com outro, conta com o estímulo do pecado de orgulho. Por isso, acredito que Tiago tinha escrito: "Meus irmãos, não sejam muitos de vocês mestres, pois vocês sabem que nós, os que ensinamos, seremos julgados com maior rigor" (Tg 3.1). A atitude do pastor encoraja e edifica, ou diminui, os seus ouvintes. Pregar sem amor real é comparável ao pastor que usa o cajado para golpear a cabeça das ovelhas. Jesus não tratou os discípulos assim. O desrespeito não entrou em suas conversas, nem quando falou a respeito de Judas Iscariotes.

Jesus não condenou a Pedro pela inconstância no pátio do sumo sacerdote — quando cumpriu de maneira exata a predição do Senhor sobre sua tríplice negação do relacionamento com Jesus. Em vez de condená-lo, ele o convidou com toda a gentileza a cuidar de seus cordeiros e pastorear suas ovelhas após a renovada declaração de amor ao mestre. Jesus conhecia o coração do seu discípulo; sabia que Pedro precisava muito mais de encorajamento que de desprezo e condenação.

As acusações de Pedro, proferidas na mensagem do dia de Pentecoste, não objetivavam diminuir seus ouvintes, e sim provocar neles o arrependimento (At 20). As palavras de Estêvão na presença dos membros da sinagoga dos Libertos, em Jerusalém, foram duras, mas acredito que sua mensagem teve a intenção de criar a convicção de pecado quando disse: "Povo rebelde, obstinado de coração e de ouvidos! Vocês são iguais aos seus antepassados: sempre resistem ao Espírito Santo!" (At 7.51). De forma distinta da reação dos ouvintes à mensagem de Pedro, os judeus da sinagoga dos Libertos "taparam os ouvidos e, lançaram-se todos juntos contra ele, arrastaram-no para fora da cidade e começaram a apedrejá-lo" (At 7.57,58). Há uma linha clara que separa as palavras de desprezo aos irmãos e as que apontam os pecados dos inimigos da fé.

Sou da opinião que as duras palavras usadas por Pedro para condenar os falsos mestres no meio das igrejas das cinco províncias foram escolhidas para advertir os irmãos sinceros (2Pe 2). Eu digo a mesma coisa a respeito de Judas que, em sua curta carta, declarou: "Certos homens, cuja condenação já estava sentenciada há muito tempo, infiltraram-se dissimuladamente no meio de vocês. Estes são ímpios, e transformaram a graça de nosso Deus em libertinagem e negam Jesus Cristo, nosso único Soberano e Senhor" (Jd 4).

"A língua é um pequeno órgão do corpo, mas se vangloria de grandes coisas. Vejam como um grande bosque é incendiado por uma simples fagulha. Assim também, a língua é um fogo; é um mundo de iniquidade" (Tg 3.5,6*a*). O perigo criado pela língua para uma pessoa se torna evidente pelo mal que ela pode fazer na vida do indivíduo muito sensível. Ele leva a sério o que ouve, de maneira que a palavra depreciativa pode arruinar o relacionamento, o casamento ou a vida do filho. O mesmo ocorre nos relacionamentos na comunhão da igreja.

O pecado de depreciar irmãos com comentários emana da falta de fé, pois o quem faz o comentário não acredita que um dia esse irmão, tão desprezível a seus olhos, se tornará um ser mais glorioso que um anjo. Disse C. S. Lewis, que se o encontrássemos hoje como ele será um dia, nós seríamos tentados a nos curvar diante dele em adoração. Jesus ensinou que os primeiros serão os últimos e os últimos os primeiros. Depreciar os irmãos revela falta de amor e esperança. As maiores virtudes do cristão verdadeiro são o amor e a esperança. Se esses valores são omitidos nos relacionamentos entre os irmãos, Deus teria muita razão em nos condenar no dia do juízo final.

CAPÍTULO 36

Distração

Muitos crentes — que se esforçam no cumprimento do dever de orar de maneira digna do Deus a quem dirigem suas preces — descobrem a inconveniência da imaginação que vagueia como uma borboleta em um jardim de flores. Teresa de Ávila dizia que a imaginação era o tolo da casa, sempre criando um distúrbio, desviando a mente e forçando-a a dar atenção às imagens por ela desenhadas.[16] De fato, a distração pode consistir no pecado que não confessamos caso se trate da decisão deliberada de fugir do compromisso de glorificar a Deus, comendo, bebendo ou realizando qualquer outra atividade (1Co 10.31).

A distração significa o desvio do caminho que Deus nos chamou para trilhar. Muitos casos envolvem a convicção de que Deus põe no coração de um filho o desejo de que ele comece um pequeno grupo de estudo bíblico, ou outra atividade a serviço do Reino. Esse irmão dispõe da capacidade, do conhecimento e do tempo para dedicar, mas como Jonas, encontra um navio em Jope, que parte em direção a Társis, para fugir do Senhor (Jn 1.3). No

---
[16] In: François Fenelon, *Diary of Readings*, New York, 1955, Dia 5.

caso desse profeta do Antigo Testamento sua "distração" custou caro. Conheço irmãos com excelente preparo, o recebimento de um dom, mas resistem em aceitar a responsabilidade colocada pelo Senhor diante deles.

O fato de Paulo ter passado dez anos em Tarso foi parte do preparo para o serviço abençoado que prestou? Isso significou uma distração ou amadurecimento? Só na eternidade saberemos. As distrações podem parecer desperdício de tempo e a perda de oportunidades valiosas, mas também podem ser o contrário. Quando o servo do Senhor sabe a vontade dele, mas decide se afastar da responsabilidade, isso seria, de forma clara, uma distração. Algumas distrações devem ser avaliadas como pecado, ainda que não pareçam atos de desobediência. Assim, a distração é pouco confessada, mesmo sendo pecado. É provável que ela não seja interpretada como a decisão de desobedecer a uma ordem clara da Palavra de Deus.

O perigo contrário à desobediência específica foi apontado por François Fénelon quando aconselhava uma senhora amiga sobre a oração: "Muitas pessoas se distraem, em primeiro lugar, com o medo da distração e, em seguida, com a tristeza decorrente desse desvio. Que alguém pensaria do viajante que, em vez de avançar no caminho, ficasse considerando os acidentes que possivelmente encontraria à frente, e depois de um acidente, voltasse para o lugar a fim de contemplá-lo: não lhe seria melhor seguir adiante?".[17]

A distração pode ser provocada pelo desejo de se relaxar ou descansar. Sabemos que Deus descansou após a criação do mundo, e santificou o sétimo dia para celebrar

---

[17] *Ibid.*, Dia 5.

toda a obra realizada. O quarto mandamento requer que os israelitas descansem no sábado, mas o temor de quebrar essa ordem do Senhor foi tal que hoje os judeus ortodoxos contam com elevadores que param em todos os andares. Assim, quem se vale do "elevador do sábado" não precisar apertar o botão do andar desejado. Para os judeus que desejavam guardar o sábado de modo certo era proibido fazer qualquer trabalho com as duas mãos. No entanto, as mulheres têm roupas que precisam ser amarradas; assim, elas foram desobrigadas dessa regra. Jesus nos libertou da lei pronunciando que o sábado foi feito para o homem e não vice-versa. A lei do Senhor gravada no coração reflete o amor ao Senhor.

Deus criou a noite para a recuperação das forças gastas no dia anterior. Sabemos por meio de pesquisas recentes como a noite bem dormida é importante para o funcionamento correto do cérebro. O livro de Provérbios contém algumas advertências desafiadoras para o preguiçoso que dorme mais que o necessário. "Até quando você vai ficar deitado, preguiçoso? Quando se levantará de seu sono? Tirando uma soneca, cochilando um pouco, cruzando um pouco os braços para descansar, a sua pobreza o surpreenderá como um assaltante, e a sua necessidade lhe sobrevirá como um homem armado" (Pv 6.9-11). Não há dúvida de que Deus se alegra com o descanso dos filhos que se dedicam com entusiasmo aos deveres e oportunidades que ele lhes oferece. Mas o cristão que evita trabalhar e negligencia seus deveres não agrada ao Senhor.

Podemos entender melhor o perigo de desobedecer ao mandamento que ele nos deixou por meio da mão de

Paulo, se dermos a atenção necessária à sua exortação: "Finalmente, irmãos, tudo o que for verdadeiro, tudo o que for nobre, tudo o que for correto, tudo o que for puro, tudo o que for amável, tudo o que for de boa fama, se houver algo de excelente ou digno de louvor, pensem nessas coisas" (Fp 4.8).

A modernidade trouxe a todos um perigo especial que aparece em *outdoors*, propagandas na TV e internet. Muitas vezes, anunciantes e publicitários escolhem mulheres que são apresentadas sem modéstia para chamar a atenção de quem assiste aos programas na TV. Não raro as pessoas procuram alguma informação na internet e, de repente, surge uma imagem sedutora. A eficácia dessas distrações é bem conhecida pelos propagandistas para chamar a atenção das pessoas que não têm o hábito de manter a mente restrita a pensar apenas no que é nobre e puro. Os crentes necessitam de um filtro bíblico para a mente.

Nos cultos há frequentes oportunidades para o inimigo das almas distrair os participantes com pensamentos que não glorificam a Deus. As causas são variadas. Pode ser o alguém que erra uma nota, uma pessoa que bate nos tambores ou tímpanos com tanto entusiasmo e vigor que quem se encontra nos bancos deixa de pensar nas palavras do cântico para observar o baterista. Pode ser uma cantora que chama a atenção pela beleza ou pela voz que se sobressai, provocando a distração de alguns membros da igreja. Existem várias maneiras nas reuniões e mensagens das igrejas que podem desviar a atenção dos fiéis da Palavra e da verdadeira adoração.

Paulo considerou o abandono de João Marcos da equipe missionária (At 13.13) uma falha tão séria que não queria que esse jovem acompanhasse a equipe de missionários na sua segunda viagem. Barnabé pensava de modo diferente. Ele considerou a saída de Marcos uma distração passageira, sem consequências mais sérias. Eles "tiveram um desentendimento tão sério que se separaram. Barnabé levando consigo Marcos, navegando para Chipre, mas Paulo escolheu Silas e partiu, encomendado pelos irmãos à graça do Senhor" (At 15.39,40). Só Deus pode avaliar o desentendimento de Barnabé e Paulo — se ele foi causa de prejuízo ou não. O texto sagrado não nos informa se foi apenas uma distração.

Paulo, preso em Roma, escreveu para aos colossenses 25 anos depois: "Envia-lhes saudações [...] Marcos, primo de Barnabé. Vocês receberam instruções a respeito de Marcos, e se ele for visitá-los, recebam-no" (Cl 4.10). Na eternidade saberemos se a causa da saída de Marcos foi uma distração ou a maneira de Deus colocar os dois obreiros, Marcos e Silas, em duas equipes missionárias para beneficiar a obra de Deus.

Distrações pecaminosas ocorrem por falta de fé. Notem como Ló e sua família acompanharam Abraão que recebeu a ordem do Senhor de sair da sua terra, do meio dos seus parentes e da casa de seu pai, e ir para a terra que Deus lhe mostraria (Gn 12.1-4). Sua obediência foi apenas parcial. Ló não deveria ter acompanhado o patriarca segundo as instruções de Deus. Ele não foi uma bênção na vida de Abraão e Sara. Os rebanhos de Ló que aumentaram notavelmente precisavam de mais pastos e Abraão deixou seu sobrinho decidir onde queria morar: ele escolheu Sodoma. Mais tarde, ele precisou mobilizar todos os seus servos para resgatar Ló do cativeiro dos reis do oriente (Gn 14.1-16). Depois disso, Abraão intercedeu pelas cidades depravadas de Sodoma e Gomorra, mas não havia justos suficientes para salvar a cidade. Deus graciosamente mandou anjos para retirarem Ló, antes da destruição do local. Ló não conseguiu persuadir sua mulher a não olhar para trás — teimosia que lhe custou a vida. Considero o fato de Ló ter acompanhado Abraão uma distração que mostrou uma falha na fé de Abraão. Muitas vezes a distração aparece em meio a um ato de obediência. A fé viva e forte avalia as distrações para seguir a direção do Espírito de Jesus, como Paulo que obedeceu quando foi impedido de pregar na Ásia, Mísia e Bitínia (At 16.6,7).

CAPÍTULO 37

Negligência de responsabilidade

Há uma esfera da vida regida por todos, excluindo-se as crianças. O homem exerce sua vontade em algumas atividades dessa esfera. Desde o monitor na escola até o ministro de Estado há graduações de autoridade que não deixam ninguém sem o lugar em que devem exercer sua autoridade.[18] As áreas sobre as quais Deus nos outorga responsabilidades são as quais teremos de prestar contas. O homem peca ao deixar de cuidar de suas responsabilidades. O bom soldado pode, com prática e exercício, se tornar útil para o exército; no entanto, chega o momento em que precisa decidir por si mesmo, no meio da batalha, se deve arriscar a vida ou não.

Qual é a sua responsabilidade? Não são apenas os soldados; todos temos deveres a cumprir.

O homem peca por negligência quando não se dedica ao dever que Deus lhe deu para cumprir. Pode ser a dívida não paga, o livro não devolvido no prazo estipulado, o jardim descuidado, a louça suja na pia e as roupas não lavadas. Enfim, a negligência revela a irresponsabilidade para

---

[18] James Martineau, *ibid.*, Dia 26.

com os deveres de nossa esfera de domínio — outorgada por Deus ao homem na Criação (Gn 1.26). João da Cruz disse: "Esforce-se para escolher, não o mais fácil, e sim o mais difícil. Não prive sua alma da agilidade necessária para subir até Deus".[19]

Cada vez mais os adultos evitam gerar filhos por acharem que as responsabilidades de providenciar um lar em ordem, alimentos saudáveis, disciplina equilibrada e educação adequada requerem muito sacrifício. Um ou dois filhos é o limite máximo que o casal moderno ocidental deseja criar. Os muçulmanos, por sua vez, não acham trabalho demais criar cinco a oito filhos. Assim, em uma ou duas gerações, os muçulmanos dominarão a sociedade europeia ocidental sem disparar uma bala sequer. O sistema democrático lhes dará o direito de instalar o governo que escolherem pelo voto secreto, se Deus não intervir de maneira poderosa.

Uma anedota sobre a negligência de um pastor na Escócia ilustra até que ponto um obreiro descompromissado pode chegar. Em um domingo de manhã, o encarregado da igreja da cidade estava cuidando do jardim. A senhora que cozinhava para ele se aproximou na hora do único culto da semana para saber se ele se lembrava de que era domingo. Ele admitiu que se esquecera. Foi para a casa pegar a veste clerical, tomar um gole de uísque, subir ao púlpito e pregar um sermão inútil.

O autor de Hebreus escreveu: "Obedeçam aos seus líderes e submetam-se à autoridade deles. Eles cuidam de vocês como quem deve prestar contas. Obedeçam-lhes

---

[19] In: Betty Elliot, *Discipline*: The Glad Surrender, 1982, p. 5.

para que o trabalho deles seja uma alegria e não um peso, pois isso não seria proveitoso para vocês" (Hb 13.17). A Palavra sem dúvida não cogita a possibilidade de que o líder da igreja a negligencie de forma vergonhosa. Parece-me que o perigo mais preocupante ao autor de Hebreus era a possibilidade da negligência por parte dos membros da congregação.

Paulo exortou Timóteo: "Não negligencie o dom que lhe foi dado por mensagem profética com imposição de mãos dos presbíteros" (1Tm 4.14).

Surpreende-nos lembrar de que se trata do mesmo jovem elogiado por Paulo em Filipenses 2.20-23 — pois ele foi negligente no emprego do dom. Não podemos opinar, mas de todas as áreas em que Deus nos concede o privilégio de servir, o mais significativo sem dúvida é cuidar do rebanho de Deus. Jesus mencionou na mensagem sobre o pastorado negligente do assalariado: "Assim, quando vê que o lobo vem, abandona as ovelhas e foge. Então o lobo ataca o rebanho e o dispersa. Ele foge porque é assalariado e não se importa com as ovelhas" (Jo 10.12,13). Podemos considerar tal negligência vergonhosa.

Não há serviço no mundo que não seja feito para Deus — se a motivação for santa. O dever cristão inclui toda atividade feita para os outros e que glorifica a Deus. O ministério de tempo integral, de acordo com a visão da Palavra, não se restringe à pregação, evangelização e tradução da Bíblia para o povo carente dessa fonte de informação necessária.

Glorificar a Deus em tudo que se faz (1Co 10.31) desmente a compreensão equivocada de muitos. Quando Deus nos dá um serviço que podemos lhe oferecer de boa vontade, cumprimos a vontade divina. Jesus caracterizou o serviço oferecido a ele, que beneficia as pessoas, como amor cristão e com elogios. Os servos serão declarados "benditos do Senhor" no juízo final. O próprio Jesus descreveu esse futuro encontro decisivo: "Recebam como herança o Reino que lhes foi preparado desde a criação do mundo. Pois eu tive fome, e vocês me deram de comer; tive sede, e vocês me deram de beber; fui estrangeiro, e vocês me acolheram" (Mt 25.34,35). Concluímos que a negligência do dever de servir aos outros significa abandonar o serviço de Deus. Mas se servimos com a motivação certa cumprimos nosso dever. Pela fé adquirimos essa motivação. No entanto, se ela faltar, não ofereceremos nenhum serviço que glorifique a Deus.

Mais um tipo de negligência aflige a igreja contemporânea. Estou pensando na "hora tranquila" — os minutos preciosos que os "filhos" passam com o Pai celeste. A disciplina de pular da cama de manhã, antes do café ou da hora de sair para o trabalho, e separar um tempo para abrir a Palavra todos os dias, ler um trecho e nela meditar, seguido por alguns minutos de oração. Tudo isso fortalece o relacionamento com Deus, tranquiliza o espírito, apaga o estresse e prepara o servo para enfrentar os problemas e desafios do dia na companhia de Deus.

Que porcentagem dos "santos" se consagra a essa disciplina na rotina da vida diária? Temo serem poucos os que reconhecem que esses minutos com Deus valem mais que chegar ao serviço na hora marcada.

Imagino que essa negligência surja da carência de fé que crê de verdade que o tempo passado na presença do Senhor torna o crente feliz, como o indivíduo descrito no salmo primeiro: "É como árvore plantada à beira de águas correntes: Dá fruto no tempo certo e suas folhas não murcham. Tudo o que ele faz prospera!" (Sl 1.3).

Outra prática muito negligenciada é o hábito antigo de os pais reunirem a família para ler um trecho da Palavra com os filhos. O principal incentivo não deve se concentrar apenas no conhecimento das histórias, mas nas lições que Deus deseja passar aos filhos. O mandamento da Palavra de Deus é claro para os pais: "Não irritem seus filhos; antes criem-nos segundo a instrução e o conselho do Senhor" (Ef 6.4). Cumprir essa ordem do Senhor requer tempo e dedicação. Os pais deveriam criar o hábito de todos os dias marcar uma hora regular em que a leitura da Bíblia e comentários, acompanhados de oração, possam moldar a vida das crianças. Quando crescerem até a idade em que podem assumir a responsabilidade pelo relacionamento pessoal com Deus, os jovens devem ser responsabilizados, lendo as Escrituras e meditando todos os dias sobre elas. Quando os pais carecem de fé, suas responsabilidades no desenvolvimento espiritual dos filhos sofrem. Seus filhos crescem nos moldes do mundo e não com a mente renovada com as qualidades de Deus (Rm 12.2).

As crianças aprendem sobre a responsabilidade a partir da disciplina aplicada pelos pais. O pr. Charlie Shedd escreveu um livro com bons conselhos para pais que têm a prioridade de dar aos filhos uma formação melhor. Um conselho que ele mesmo praticou foi prometer ao filho que quando ele alcançasse a idade de 15 anos não implicaria mais com ele sobre tarefas da escola não entregues no prazo marcado. Quando chegasse aos 16, não questionaria a escolha dos amigos com quem gastaria seu tempo. Aos 17 anos, ele esperaria que o filho estivesse de volta ao lar antes que a mãe dele começasse a se preocupar. Com 18 anos o mesmo jovem pagaria metade do preço do carro que quisesse, e o pai pagaria o resto. Se recebesse uma multa, o pai não pagaria mais que metade dela. Dessa maneira, o pastor esperava inculcar um forte sentimento de responsabilidade. Feliz é a família composta por pais e filhos responsáveis de fato.

Seguir a orientação da Bíblia requer fé. É necessário crer que a Bíblia contém melhores conselhos que os dos psicólogos ou pedagogos modernos.

CAPÍTULO 38

Silêncio sobre a realidade da ira de Deus

Deus deu seu Filho Unigênito para servir a pecadores como sacrifício para a propiciação de pecados e, assim, redimir os réus da ira vindoura. Pela fé, o pecador que se entrega ao Senhor, confessa e abandona seus pecados, será salvo da ira de Deus. Paulo explica essa transação da seguinte maneira: "Como agora fomos justificados por seu sangue, muito mais ainda por meio dele, seremos salvos da ira de Deus!" (Rm 5.9). A palavra usada por João para se referir a essa ira é "perecer" (Jo 3.16). Paulo informa seus leitores em Tessalônica de que "quando o Senhor for revelado lá dos céus, com seus anjos poderosos, em meio de chamas flamejantes, ele punirá os que não conhecem a Deus e os que não obedecem ao evangelho de nosso Senhor Jesus. Eles sofrerão a pena de destruição eterna, a separação da presença do Senhor e da majestade do seu poder" (2Ts 1.7-9). Em Romanos 6.23, o apóstolo Paulo ensina: "o salário do pecado é a morte". João chama essa morte, distinta da morte física, de "segunda morte" (Ap 20.6).

Mas o que está envolvido na ira divina? Sete vezes Jesus usou a palavra "inferno" (gr. *gehenna*) no evangelho de Mateus para advertir seus ouvintes do castigo eterno de quem se perde (três vezes no sermão do Monte, Mt 5.22,29,30). Em Mateus 10.28, ele fala do perigo de ser condenado, corpo e alma, ao inferno. Jesus continua advertindo seus ouvintes ao afirmar: "E se o seu olho o fizer tropeçar, arranque-o e jogue-o fora. É melhor entrar na vida com um só olho do que, tendo os dois olhos, ser lançado no fogo do inferno" (Mt 18.9). Ele desafiou os mestres da lei ao dizer: tão logo conseguissem um "convertido", eles "o tornavam duas vezes mais filho do inferno do que vocês" (Mt 23.15). Falando aos fariseus e mestres da lei, Jesus disse: "Como vocês escaparão da condenação do inferno" (Mt 23.33)? Na parábola sobre o julgamento das nações, ele afirmou: "O que vocês deixaram de fazer a alguns destes mais pequeninos, também a mim deixaram de fazê-lo. E estes irão para o castigo eterno, mas os justos para a vida eterna" (Mt 25.45,46).

Em Marcos, Jesus fala do "fogo que não se apaga" (Mc 9.44-46). Lucas cita a advertência de Jesus: "Mas eu lhes mostrarei a quem vocês devem temer: temam aquele que depois de matar o corpo, tem poder para lançar no inferno" (Lc 12.5). Esse lugar é descrito assim no Apocalipse: "O Diabo, que enganava, foi lançado no lago de fogo que arde com enxofre, onde já haviam sido lançados a besta e o falso profeta. Eles serão atormentados dia e noite para todo o sempre" (Ap 20.10). Uma grande multidão nos céus exclama sobre o destino da grande prostituta que corrompia a terra com sua prostituição: "Aleluia! A fumaça que dela vem, sobe para todo o sempre" (Ap 19.3). Sobre a futura condição dos santos se diz: "Felizes e santos os que participam da primeira ressurreição! A segunda morte não tem poder sobre eles" (Ap 20.6). A segunda morte refere ao inferno, o destino dos que não aceitaram o convite do Salvador de confiar nele e de se submeter à sua autoridade.

Todos os crentes devem meditar com seriedade sobre o trecho de Hebreus citado a seguir: "Quem rejeitava a Lei de Moisés morria sem misericórdia pelo depoimento de duas ou três testemunhas. Quão mais severo castigo, julgam vocês, merece aquele que pisou aos pés o Filho de Deus, profanou o sangue da aliança pelo qual ele foi santificado, e insultou o Espírito da graça? Pois conhecemos aquele que disse: 'A mim pertence a vingança; eu retribuirei'; e outra vez: 'O Senhor julgará o seu povo' e, 'Terrível coisa é cair nas mãos do Deus vivo!' " (Hb 10.28-31).

O pavor provocado pela ira de Deus e do Cordeiro é descrito da seguinte maneira: "Então os reis da terra, os príncipes, os generais, os ricos, os poderosos — todos, escravos e livres, esconderam-se em cavernas e entre as rochas das montanhas. Eles gritavam às montanhas e às rochas: 'Caiam sobre nós e escondam-nos da face daquele que está assentado no trono e da ira do Cordeiro! Pois chegou o grande dia da ira deles, e quem poderá suportar?' " (Ap 6.15-17).

O pecado, raramente confessado, se comete com o silêncio diante da terrível e temível ira de Deus que descerá sobre todos os que não aproveitaram a oferta da salvação gratuita providenciada na cruz. Não seria culpado o residente que acorda em uma casa que está pegando fogo e sai dela sem erguer a voz para despertar a todos os que enfrentarão a morte horrível ao serem queimados vivos? Muitos no mundo hoje vivem sem qualquer consciência de estarem destinados por Deus ao inferno. A ignorância da humanidade deve ser combatida com advertências à altura do perigo. A omissão de teólogos, pastores e cristãos evangélicos em geral confirma a suspeita de que a confiança no ensino das Escrituras está muito enfraquecida.

Aqui o pecado revela a falta de fé do crente nas palavras de Cristo e dos apóstolos. Há necessidade de conscientizar os membros da igreja da realidade da ira de Deus (Rm 1.18-21) e da literalidade do castigo eterno no inferno. Essa responsabilidade paira sobre a cabeça dos líderes das igrejas. Mas todos os membros precisam crer na veracidade das afirmações da Palavra. Onde há falta de confiança na Palavra de Deus, não se pode esperar motivação para avisar os perdidos do futuro infinitamente pior que um assalto ou a descoberta de um câncer espalhado pelo corpo.

Muitos irmãos questionam a severidade da ira e do castigo de Deus. A melhor explicação é a glória de Deus: rejeitar a Palavra de um ser tão bondoso e glorioso consiste no insulto tão vergonhoso de sua pessoa, na rebelião tão injusta contra seu governo, que a reação de Deus não poderia ser outra além da anunciada nas Escrituras. Paulo, em Romanos, dá respaldo à doutrina ortodoxa milenar que descrevemos: "E se Deus, querendo mostrar a sua ira e tornar conhecido o seu poder, suportou com grande paciência os vasos de sua ira, preparados para a destruição? Que dizer, se ele fez isto para tornar conhecidas as riquezas de sua glória aos vasos de sua misericórdia, que preparou de antemão para glória, ou seja, a nós, a quem também chamou, não apenas dentre os judeus, mas também dentre os gentios?" (Rm 9.22,23).

O silêncio dos crentes sobre a doutrina da ira divina parece tão culpável como o indivíduo que, sabendo que o prédio em que o amigo reside está prestes a cair, deixa de avisar o residente por temer lhe dar a má notícia. Isso merece condenação. Quem sabe de um desastre iminente, mas esconde essa informação e silencia, não passa de uma pessoa que não se importa com o sofrimento alheio. Jesus comparou os religiosos dos seus dias com as pessoas que não socorreram o homem quase morto na "parábola do bom samaritano" (Lc 10). O mandamento que nos obriga a amar o próximo é semelhante ao primeiro que exige o amor ao Senhor acima de todas as coisas! Os primeiros mandamentos formam a principal obrigação imposta por Deus ao homem, mas é impossível que o pecador cumpra essa obrigação sem a fé salvadora. O Espírito Santo precisa derramar o amor de Deus no coração dos regenerados pelo seu poder (Rm 5.5).

Lucas reporta uma conversa de Jesus com os judeus: eles não entendiam por que alguns galileus que Pilatos escolheu para representar o povo foram mortos e seu sangue misturado com os sacrifícios. Eles perguntaram: "Eles não foram mais culpados do que os que escaparam esse horrível castigo?". Jesus comentou: "Eu lhes digo que não! Mas se não se arrependerem, todos vocês também perecerão" (Lc 13.3). O Mestre queria dizer com isso que todos somos pecadores; assim, o juízo de Deus cairá sobre todos que não têm Jesus Cristo como seu substituto, pois ele toma sobre si mesmo os pecados do seu povo. Trata-se da mensagem gloriosa de Isaías 53: "Todos nós, tal qual ovelhas, nos desviamos, cada um de nós se voltou para o seu próprio caminho, e o Senhor fez cair sobre ele a iniquidade de todos nós" (v. 6).

Quem é sábio e entendido entre os homens a não ser o que se assegura da salvação eterna pela fé no Senhor Jesus? "Quem crê no Filho de Deus tem a vida eterna; já quem rejeita o Filho não verá a vida, mas a ira de Deus permanece sobre ele" (Jo 3.36).

CAPÍTULO 39

Cegueira despercebida

Quando passamos por uma pessoa com óculos escuros, uma vara branca na mão batendo no chão de um lado para outro, a experiência suscita, por natureza, nossa simpatia. Agradecemos a Deus os olhos que enxergam a beleza do mundo à nossa volta. Não enfrentamos o perigo de tropeçar ou bater a cabeça em um poste quando caminhamos.

Se encontrarmos uma pessoa cega em sentido espiritual, devemos perceber com tristeza que ela enxerga apenas com os olhos físicos. A visão espiritual requer uma intervenção divina: "O deus desta era cegou o entendimento dos descrentes, para que não vejam a luz do evangelho da glória de Cristo, que é a imagem de Deus. [...] Pois, Deus, que disse: 'Das trevas resplandeça a luz' [cf Gn 1.3; Is 9.2], ele mesmo brilhou em nossos corações, para iluminação do conhecimento da glória de Deus na face de Cristo" (2Co 4.4-6). Mesmo tendo recebido essa iluminação espiritual, ainda há áreas de cegueira que explicam os tropeços dos cristãos iluminados em parte pelo Espírito. Portanto, podemos concluir que os crentes enxergam e não enxergam ao mesmo tempo. Sua visão é apenas parcial.

Entre os milagres que João escolheu relatar, encontra-se o caso do homem nascido cego. Ele jamais enxergou nada. Jesus não precisava perguntar se ele queria ser curado. De imediato ele misturou terra com saliva, colocou a massa nos olhos do cego e mandou que ele fosse lavar os olhos no tanque de Siloé. Ele voltou vendo (Jo 9.6,7). Os fariseus rejeitaram o milagre porque foi realizado no sábado; portanto, fizeram o possível para afirmar que o ex-cego nunca enxergara nada. Era evidente que, após o milagre, ele enxergava tudo com perfeição. Enquanto o cego curado creu em Jesus e o adorou (v. 38), os fariseus permenceram na incredulidade deliberada. Jesus comentou: "Eu vim a este mundo para julgamento, a fim de que os cegos vejam e os que veem se tornem cegos". Alguns fariseus perguntaram com cinismo: "Acaso nós também somos cegos?" (v. 40). A resposta de Jesus esclarece a fonte da cegueira despercebida: "Se vocês fossem cegos, não seriam culpados de pecado, mas agora que dizem que podem ver, a culpa de vocês permanece" (v. 41). Em outras palavras, é necessário aceitar a avaliação do Senhor mediante sua Palavra para reconhecer os pecados não percebidos e se arrepender deles.

Os fariseus pertenciam à seita judaica mais preocupada com a guarda da Lei e das minúcias da tradição. Para admitir sua cegueira seria necessário se humilhar e, como Saulo de Tarso, se arrepender para se submeter ao Senhor Jesus Cristo. Ele afirmava considerar todas as vantagens religiosas e sociais como perda, "comparado com a suprema grandeza do conhecimento de Cristo Jesus, meu Senhor, por quem perdi todas as coisas" (Fp 3.8). Receber a visão espiritual, em vez da cegueira imposta pelo deus deste século, significa receber um tesouro de valor inestimável.

Paulo, o ex-fariseu, foi comissionado apóstolo pelo Senhor com a responsabilidade de pregar a mensagem libertadora aos cegos na humanidade. Perante o governador e o rei Agripa II, ele explicou a comissão missionária que o Senhor ressurreto lhe outorgou: "para abrir os olhos e converter das trevas para a luz, e do poder de Satanás para Deus, a fim de que recebam o perdão dos pecados e herança entre os que são santificados pela fé em [Jesus]" (At 26.18). Essa missão concedida por Deus a Paulo foi tão importante para ele que não considerava a vida de valor algum enquanto não cumprisse o "ministério que o Senhor Jesus lhe confiou, de testemunhar do evangelho da graça de Deus" (At 20.24).

A cegueira seletiva ocorre mesmo entre os crentes iluminados pelo Espírito Santo. Comparável aos acidentes de veículos que não ocorrem por falta de visão nos olhos dos motoristas, mas por causa de visão seletiva, os filhos de Deus também deixam de perceber alguns perigos. Por que existem discussões e desentendimentos que provocam ira e desprezo entre casais que devem se amar e permanecer submissos ao Senhor? O mesmo ocorre em reuniões de negócios nas igrejas, nas denominações e nos encontros dos membros da igreja local para decidir questões corriqueiras. A visão seletiva fecha os próprios olhos para favorecer interesses particulares. Pecamos por causa da exaltação e falta de humildade suscitadas por algumas discussões.

Considere o caso de Davi. Ao que parece, ele não percebia sua culpa no caso de Bate-Seba até Natã contar a história do homem rico que tomou a cordeirinha pertencente ao pobre vizinho para preparar uma refeição especial para um amigo: "Então Davi encheu-se de ira contra aquele homem e disse a Natã: 'Juro pelo nome do SENHOR que o homem que fez isso merece a morte! Deverá pagar quatro vezes o preço da cordeira, porquanto agiu sem misericórdia' " (2Sm 12.5,6). De pronto, o profeta declarou: "Você é esse homem!". Após ouvir o juízo do Senhor, Davi vê seu pecado com nitidez: "Pequei contra o SENHOR!". Ele teve os olhos espirituais abertos para perceber quão hediondo foi seu pecado e abrir o seu coração para se arrepender.[20]

No salmo 139, Davi pede a Deus: "Sonda-me, ó Deus, e conhece o meu coração; prova-me, e conhece as minhas inquietações. Vê se em minha conduta algo te ofende, e dirige-me pelo caminho eterno" (v. 23,24). Muitos crentes carecem fé para pedir com sinceridade essa obra do Espírito Santo: ter os olhos do coração abertos para perceber áreas de fraqueza susceptíveis a pecados inesperados que afligem a vida dos incautos. Como acidentes que ocorrem quando menos os esperamos, a visão seletiva ofusca a habilidade de enxergar como reagimos diante de desafios e estímulos que aparecem com frequência.

Paulo orava para que os efésios recebessem a iluminação dos olhos do coração. Assim, no íntimo, eles poderiam perceber verdades e falhas que, sem a atuação do Espírito

---

[20] Consulte o que diz Richard O. Roberts no excelente livro: *Arrependimento*: a primeira palavra do evangelho (São Paulo: Shedd Publicações, 2011), p. 110-2.

de revelação e sabedoria, não teriam a possibilidade de detectar (Ef 1.18). O apóstolo percebeu o envio do Espírito pelo Pai para conduzir os santos a toda a verdade. No estado de infantilidade imatura, o cristão não nota a maldade do próprio coração endurecido. Nesse trecho, Paulo pensa em particular na ignorância da realidade da herança gloriosa que os leitores deveriam antecipar. Com a bênção dos olhos iluminados, eles poderiam perceber a glória invisível que todo crente fiel espera com fé e antecipação. A falta de fé torna essa possibilidade remota e até ilusória.

Foi a cegueira dos coríntios que Paulo tentou explicar na primeira carta sobre a divisão da igreja em quatro grupos rivais. Na tentativa de ajudar essas "crianças carnais" a perceber o erro de suas atitudes, o apóstolo fez a pergunta fundamental: "Quem é Apolo? Quem é Paulo? Apenas servos por meio dos quais vocês vieram a crer, conforme o ministério que o Senhor atribuiu a cada um" (1Co 3.5). Evidentemente, os líderes da igreja, após o ministério abençoado que Paulo exerceu na cidade, começaram a dividir a igreja comparando seus mestres favoritos. Essa cegueira se encontra patente para Paulo, mas não para os coríntios. Paulo escreveu essa primeira carta para esclarecer o erro da visão seletiva. Ele desejava fortalecer a fé dos membros da igreja, chamando atenção para essa falta de visão clara da realidade. Paulo lembra os efésios: "tudo que é exposto pela luz torna-se visível, pois a luz torna visíveis todas as coisas. Por isso é que foi dito, 'Desperta, ó tu que dormes levanta-te dentre os mortos e Cristo resplandecerá sobre ti' " (Ef 5.13,14). Pela fé recebemos a iluminação que nos permite progredir no caminho da santificação. Pela fé ouvimos a voz do Espírito para despertarmos do sono e levantarmos dentre os mortos em delitos e transgressões.

CAPÍTULO 40

Idolatria

Na Palavra divina, a obrigação de glorificar a Deus em todas as coisas não deve ser tratada com leviandade. Junto com a obrigação de agradecer a Deus em todas as circunstâncias, (Ef 5.20; Cl 3.17; 1Ts 5.18 e outras passagens), temos a ordem de Deus registrada pelo apóstolo João: "Filhinhos, guardem-se dos ídolos" (1Jo 5.21). Acho que esse mandamento é pouco observado porque não entendemos o significado da criação de ídolos e de sua adoração. A idolatria pode ser definida como a exaltação à posição de majestade e supremacia de algo que apenas Deus merece. Ou seja, alguém dá a glória que deveria ser dirigida de forma exclusiva para Deus a pessoas ou objetos, e assim descumpre o mandamento divino que proíbe a idolatria.

O apóstolo Paulo escreveu aos romanos que a culpabilidade dos homens se encontra no fato de eles conhecerem Deus, mas não o glorificam como Deus, nem lhe renderam graças, e que eles "trocaram a glória do Deus imortal por imagens feitas segundo a semelhança do homem mortal, bem como de pássaros, quadrúpedes e répteis" (Rm 1.21-23). Nesse trecho, a idolatria consiste em criar e adorar imagens de objetos criados no lugar de Deus, mas também se refere à falta de dar glória a Deus pelo que ele é e não lhe render graças (v. 21).

Matinho Lutero entendeu que idolatria significava "buscar em algo criado o que somente Deus pode dar. Assim, conforme o argumento dele, até mesmo os que não têm religião servem a 'deuses' — ideologias ou habilidades que, segundo creem, podem justificar seu modo de vida".[21] De acordo com essa compreensão, uma coisa, uma pessoa ou uma ideologia toma o lugar de Deus e recebe a glória que só ele merece. Estamos acostumados com os casos em que um partido político, ou um líder, se transforma em um ídolo.

Creio que podemos definir a glorificação da seguinte maneira: devemos reconhecer em todas as situações que a fonte de todo o valor é Deus. O prazer derivado de objetos e pessoas decorre exatamente do fato de Deus nos recompensar com alegria e sucesso — que sem ele não existiriam. Ele se assemelha a um pai tão amoroso que projeta apenas acontecimentos para o benefício dos filhos. É comparável à mãe muito atenciosa que cuida do bebê. Deus, infinitamente mais amoroso que qualquer pai ou mãe, deseja o próprio reconhecimento como o único digno de receber glória sem medida. Por isso, Paulo instrui a responsabilidade dos coríntios dessa forma: "Assim, quer vocês comam, bebam ou façam qualquer outra coisa, façam tudo para a glória de Deus" (1Co 10.31). Em situações desagradáveis, somos aconselhados a crer na verdade de Romanos 8.28*a*: "Sabemos que Deus age em todas as coisas para o bem daqueles que o amam". Deus é

---

[21] Timothy Keller, *op. cit.*, p. 125

amor; portanto, ele nunca objetiva nos prejudicar. Sendo ele a fonte de tudo como Criador e controlador de todos os acontecimentos, devemos crer que ele merece nosso agradecimento e reconhecimento.

Quando desobedecemos à ordem divina de glorificá-lo em todas as coisas, devemos descobrir que por trás desse pecado existe uma atitude idólatra. Considere a declaração de Paulo: "... trocaram a glória do Deus imortal por imagens feitas segundo a semelhança do homem mortal" (Rm 1.23). No desejo de elogiar a pessoa que nos proporcionou algum benefício ou valor, temos a tendência de glorificá-la com palavras e sentimentos dos quais só Deus é digno. Por trás de tudo, nosso Pai amoroso nos abençoa com objetos, pessoas e acontecimentos que nos beneficiam ou nos proporcionam prazer. Em vez de dar a glória a ele — a fonte verdadeira —, adoramos a pessoa ou o objeto que ele nos deu: "Pois, dele, por ele e para ele são todas as coisas. A ele seja a glória para sempre!" (Rm 11.36). Reconhecer a verdade declarada neste versículo pode servir de antídoto ao pecado da idolatria.

Jesus chamou atenção para a idolatria no sermão do Monte ao dizer: "Ninguém pode servir a dois senhores; pois odiará um e amará o outro, ou se dedicará a um e desprezará o outro. Vocês não podem servir a Deus e ao Dinheiro (*Mamom*). A palavra "servir" no original é *douloō* que quer dizer, torna-se escravo de dois senhores. A lealdade e o serviço aqui descritos são totalmente voluntários, não obrigatórios como no caso de um escravo comprado no mercado de escravos. As pessoas oprimidas pela escravidão, sem qualquer direito legal, eram compradas e vendidas para pessoas que forçaram os escravos a lhes obedecer as ordens. Se resistissem ou desobedecessem eram castigados sem misericórdia. Jesus tem em mente a servidão voluntária, escolhida de boa vontade por causa das vantagens recebidas do dono. A prática de furar a orelha do escravo que se oferecia voluntariamente era conhecida em Israel (Dt 15.16,17).

A idolatria dos escravos voluntários tem um exemplo claro em Romanos 6.16: "Não sabem que, quando vocês se oferecem a alguém para lhe obedecer como escravos, tornam-se escravos daquele a quem obedecem: escravos do pecado que leva à morte, ou da obediência que leva à justiça?". Deus mostra seu amor para seus filhos escravos aos lhes conceder liberdade e prometer recompensas eternas.

Pense bem! Os espíritos enganadores e ensinamentos de demônios declaram o inverso. Eles propuseram a rejeição do casamento e do consumo de alimentos criados por Deus e que devem ser recebidos com ação de graças pelos que creem e conhecem a verdade (v. 3). O objetivo dos demônios sempre é tirar Deus, nosso supremo bem, do trono. Eles desejam formar seguidores que, por causa da gula (cf, Fp 3.19 "seu deus é o estômago") ou da rejeição do que Deus criou para nosso bem, não glorifiquem o Criador. Eles tentam desviar a atenção para as coisas como se fossem o bem supremo: "Não amem o mundo nem o que nele há. Se alguém ama o mundo, o amor do Pai não está nele. Pois tudo o que há no mundo, a cobiça da carne, a cobiça dos olhos, e a ostentação dos bens — não provém do Pai, mas do mundo" (1Jo 2.15,16). Parece a negação do que Paulo escreveu em 1Timóteo 4.4: "Pois tudo que Deus criou é bom, e nada deve ser rejeitado".

Quando percebemos que Paulo se refere à realidade declarada em Gênesis 1 — todas as coisas criadas por Deus são boas, concluímos que o mundo que amamos, as coisas que adoramos, e os alimentos de que gostamos demais são recebidos como objetos de "adoração" — e, como consequência, eles se tornam ídolos. Amar ao mundo não significa odiar o maravilhoso céu azul, lavado pela chuva do verão, os campos verdes da primavera após a estiagem do inverno, a lua cheia no crepúsculo do dia e todas as outras coisas que alegram o coração do homem. Significa apenas usufruir essa beleza sem elevar o coração em gratidão e adoração ao Deus que criou todas essas coisas para nosso prazer. O mesmo pensamento se aplica a todos os objetos criados. Um lindo automóvel, uma casa bela pintada e decorada, uma refeição cheirosa e deliciosa pode se transformar em ídolo quando o coração secularizado não se curva diante da Fonte de tudo que alegra o coração. Só quando o Senhor é honrado com nossa gratidão, quando reconhecemos que tudo que possuímos provém dele e lhe é consagrado com ação de graças e oração, Deus recebe a adoração relativa ao que ele providenciou para nosso prazer santificado.

Considere a observação que Paulo fez sobre a paixão, os desejos maus e a ganância: são expressões de idolatria (Cl 3.5). O mesmo apóstolo escreveu aos coríntios sobre a prática do sexo no casamento: "Não se recusem um ao outro, exceto por mútuo consentimento e durante certo tempo, para se dedicarem à oração. Depois, unam-se de novo, para que Satanás não os tente por não terem domínio próprio" (1Co 7.5). É claro que as relações sexuais no casamento são recomendadas. O sexo não foi inventado por Satanás, mas por Deus, para ser praticado de acordo com o manual do Criador. Quando o homem, ou a mulher, não obedece às regras, a Palavra condena essa prática como idolatria.

Mas o Senhor combate a proibição do casamento promovida pelos falsos mestres na Ásia Menor no primeiro século. Quando comemos e bebemos, ou nos casamos —atividades boas de acordo com Deus —, devemos reconhecer sua fonte no Criador. Se pedirmos com fé que Deus seja glorificado por meio dos alimentos e da prática do sexo no casamento (Hb 13.4), de acordo com o padrão de Deus e agradecendo de coração ao Senhor, nós os consagramos a ele. Exaltamos àquele de quem, por quem e para quem são todas as coisas. Tornamos as refeições e a prática do sexo no casamento momentos de adoração. Nós nos guardamos dos ídolos nessa esfera.

Em uma cidade como Corinto, a prática do sexo estava relacionada em muitos casos com a idolatria. Na acrópole de Corinto havia um templo construído em honra à deusa Afrodite, a deusa do amor, e nela era promovida a prostituição de homens e mulheres como ato de adoração à deusa de fertilidade. Paulo assegura aos coríntios que "nem imorais, nem idólatras, nem adúlteros, nem homossexuais passivos ou ativos" herdarão o Reino de Deus (1Co 6.9). A conexão entre a prática sexual e a idolatria dava a Corinto a fama de ser um lugar destacado pela imoralidade. É verdade que os ídolos não são nada nos termos da verdadeira religiosidade; no entanto, por trás dos ídolos pairavam os demônios. Adoração oferecida aos ídolos era a forma de alcançar comunhão ou parceria com os demônios (1Co 10.19,20).

CAPÍTULO 41

Namoro insincero

Um dos pecados escondidos com mais frequência diz respeito ao namoro que se fundamenta na insinceridade. Os jovens sentem naturalmente atração física pelo sexo oposto. O jovem se aproxima da moça bonita para a elogiar e mostrar o prazer que sente na companhia dela, mesmo sem ser cristão. Ela, impressionada com o interesse e a sinceridade aparentes do rapaz, começa a se sentir atraída por ele. Se ele for inteligente, um bom aluno, divertido e simpático, poderá conquistar o amor da jovem com suas palavras e atenção. Ele usa todas as artimanhas para convencê-la de que a considera muito bela e especial. Não demora chegar o dia em que o jovem convence a moça de sua sinceridade. Implora ardentemente que ela lhe permita beijá-la e abraçá-la para confirmar seu amor "verdadeiro". Em seguida sugere que gostaria de namorá-la. Acreditando na sinceridade do jovem simpático, a moça expressa sua alegria em se tornar sua namorada.

O perigo se aprofunda se o jovem não for cristão de verdade. São muitas as desculpas, como a escritora, Nancy Leigh DeMoss e Dannah Cresh notam: 1) Às vezes é divertido apenas sair, divertir-se, paquerar e não levar as coisas muito a sério; 2) Existe sempre a possibilidade de influenciar o rapaz a trazê-lo para participar do grupo de jovens e do culto; 3) Caso a semente seja plantada, ela pode se transformar em uma bela flor. Estou divulgando a Palavra de Deus, dê certo ou não. Se eu fizer algumas concessões, poderei influenciar um garoto não crente.[22]

A Bíblia proíbe o relacionamento sexual entre um homem cristão, ou uma mulher de Deus, com uma pessoa não cristã. A fornicação é pecado flagrante (1Co 6.15-20). O casamento misto contraria a ordem divina: "Não se ponham em jugo desigual com descrentes. Pois o que têm em comum a justiça e a maldade? Que comunhão pode ter a luz com as trevas? Que harmonia entre Cristo e Belial? Que há de comum entre o crente e o descrente" (2Co 6.14-16)? O namoro entre cristãos e não cristãos se assemelha ao garoto que brincava com uma lata de gasolina. Ele pôs fogo no combustível que criou chamas de vinte centímetros. Não satisfeito, Edwin buscou um pedaço de cartolina para abanar o fogo. Sem querer, bateu na lata que jogou gasolina em chamas sobre ele. O resultado foi escapar com vida por um fio. O fogo provocou muito sofrimento e deixou cicatrizes marcantes até hoje.

Esse relacionamento chamado namoro, supostamente, concede aos dois o privilégio de se acariciarem, beijarem e estimularem o desejo sexual. Depois de alguns dias, ou semanas, os namorados começam a se relacionar sexualmente sem terem assumido publicamente os votos matrimoniais e se casado. Os pais não se importam por desconhecerem o que se passa em segredo, ou confiam

---

[22] *Mentiras em que as garotas acreditam*. São Paulo: Vida Nova, 2014, p. 102.

na responsabilidade da filha — que não cairia em uma armadilha armada pelo namorado.

Se um dos dois sentir um peso na consciência por causa do relacionamento, esse começa a pedir a regularização do seu relacionamento com um casamento oficial. Começam as discussões sobre essa possibilidade mesmo que o rapaz ainda não tenha terminado os estudos do ensino médio. Ele não tem emprego e, sem dúvida, os pais dele não vão bancar um casamento precoce assim. O resultado é a continuidade do relacionamento clandestino ou o rompimento do namoro. O prazer do relacionamento começa a diminuir, as discussões acaloradas, cada vez mais frequentes, minam a paz. O relacionamento ilícito acaba em desilusão e consciência pesada. Se a situação se tornar do conhecimento do pastor da igreja, poderá promover alguma ação disciplinar. Do contrário, é provável que o jovem busque outra moça para namorar. Espera-se a triste repetição da sequência de eventos já experimentados.

Poucas áreas da vida são mais propícias para a prática de pecados não confessados que o namoro. No curso "Conflitos da Vida", ministrado pelo pr. Larry Coy no Brasil, na década de 1970, ele ensinou que a maneira cristã de namorar é seguir o conselho de Paulo: "Não toque em mulher!". A força da paixão sexual para jovens bem-intencionados exige cuidados especiais. Na fase de se conhecerem, deve ficar claro que até o dia em que se tornarem noivos, um não tocará no outro. Nenhum estímulo sexual é permitido — como segurar na mão ou beijar. Em vez de seguir as práticas mundanas, os jovens comprometidos com a pureza, conversam, leem a Bíblia juntos e oram. Frequentam os cultos da igreja com genuíno prazer, sem pressionar um ao outro e nem tentar seduzir o parceiro. O relacionamento que não perdura alicerçado no relacionamento que exclui Deus, com certeza não se tornará seguro depois do casamento, quando fica mais difícil manter a paz.

A moça, que não se previne bem contra a sedução de um jovem apaixonado que a deseja conquistar, pode se tornar uma presa fácil no mundo moderno de liberdade sexual. Os pais e a igreja têm a responsabilidade pesada de preparar os jovens não casados para enfrentar as tentações sexuais provocadas pelo namoro.

O namoro insincero tem um exemplo inesquecível no caso de Amnom, filho de Davi que se apaixonou pela meia-irmã, Tamar. Ele se valeu do artifício descrito em 2 Samuel 13; fingiu uma doença, pediu que Tamar fizesse bolos na presença dele. "Quando ela se aproximou para servi-lo, ele a agarrou e disse: 'Deite-se comigo, minha irmã' " (v. 11). Sua forte resistência apenas aumentou a paixão dele, de maneira que Amnom a estuprou. A história completa apresenta os efeitos assombrosos resultantes dessa vergonhosa ação de Amnom. Não preciso lembrar o caro leitor de que a paixão desse jovem cresceu em um contexto de incredulidade. Não encontro nenhuma indicação de que esse filho de Davi mantivesse algum compromisso com Deus ou com a lei do Senhor. Seu egoísmo e crueldade caracterizam a mentalidade do jovem que vive inteiramente para satisfazer os próprios apetites. Ele sofreu as consequências relatadas nos versículos 28 e 29 do mesmo capítulo. Absalão, irmão de Tamar, ficou tão indignado com seu meio-irmão Amnom que o matou de forma traiçoeira. Davi, pai dos dois, querendo demonstrar sua indignação, exilou Absalão. Este criou forte inveja e ódio em relação a seu pai, que o levou a planejar seduzir o povo a se rebelar contra Davi. Não fosse a sabedoria do pai, e o conselho errado de Husai que Absalão seguiu, a rebelião teria obtido sucesso e Davi perderia o trono e a vida.

As sequelas do pecado de Amnom são consequências do pecado de Davi com Bate-Seba e o assassinato de Urias. Sem sombra de dúvida, Deus perdoa os pecados confessados, seguidos do fruto do arrependimento sincero e de coração. O problema que surge com o namoro insincero é o fato de essa situação prejudicar a jovem amorosa com a rejeição, ou o jovem.

Em contraste com isso, o namoro santo significa o relacionamento sob a direção de Deus. Muita oração antes de começar, muita oração durante, e sempre o cuidado para que se mantenham as condições para o casamento. Na falta dessas condições, desenvolvem-se a hipocrisia e a falsidade, mesmo quando se busca um relacionamento aparentemente sincero. Quem desobedece às diretrizes divinas, e namora sem ter condições de se casar, ou escolhe um parceiro não cristão, fica sem o fundamento essencial para o casamento feliz e bem-sucedido. Quando a fé genuína e obediente forma a base do casamento, o casal pode acreditar que Deus abençoará o relacionamento que ele instituiu no início.

CAPÍTULO 42

Tomar o nome de Deus em vão

O terceiro dos Dez Mandamentos proíbe a blasfêmia: "Não tomarás em vão o nome do Senhor, o teu Deus, pois o Senhor não deixará impune quem tomar o seu nome em vão" (Êx 20.7). O temor dos judeus da Antiguidade de quebrar esse mandamento era tal que os escribas que copiavam o Antigo Testamento à mão lavavam as mãos cada vez que escreveram o nome pessoal de Deus (Yahweh).

O significado de "tomar em vão o nome de Deus" seria repetir o nome do Senhor de forma leviana. Muitas pessoas dizem: "Meu Deus!", sem pensar na pessoa do único e glorioso Criador do Universo, a fonte da vida, "para quem são todas as coisas. A ele seja a glória para sempre! Amém" (Rm 11.36). A inefável glória de Deus é diminuída quando se pronuncia seu nome sem pensar nele ou lhe atribuir a glória merecida. O salmista nos oferece um vislumbre da grandeza e santidade de Deus: "Atribuam ao Senhor, ó seres celestiais, atribuam ao Senhor glória e força. Atribuam ao Senhor a glória que o seu nome merece; adorem o Senhor no esplendor do seu santuário" (Sl 29.1,2).

O modo que falamos sobre Deus deve demonstrar o valor que ele tem por nós. Notamos que os descrentes também utilizam a expressão "meu Deus", e outras, sem ter qualquer compromisso com ele, ou compreensão de sua glória. Isso me leva a pensar que deve ser pecado pronunciar o nome divino em vão. Não aprecio a forma que programas de TV e filmes repetem expressões populares utilizando os nomes de Deus, Jesus e outras personagens bíblicas sem seriedade.

Jesus orou antes da crucificação: "Pai, quero que os que me deste estejam comigo onde eu estou e vejam a minha glória" (Jo 17.24). Se nossas expressões não apontam para a glória de Deus e do Senhor da glória, seguramente estamos errando com gravidade. Hábitos são difíceis de quebrar, mas esse deve ser eliminado logo que percebemos a violação de um dos Dez Mandamentos. Com certeza, os primeiros cristãos não pronunciariam o nome de Deus de forma leviana, nem nossos ancestrais espirituais que nos legaram os princípios espirituais da Reforma.

O pecado aqui contemplado também tem raízes na incredulidade. Se a fé descrita na Bíblia nos proporciona a caminhada diária com Cristo, creio que nossa comunhão promoverá o imenso desejo de honrá-lo, e não tratá-lo como os mundanos. A pronúncia do seu nome reflete o quanto ele é nosso tesouro de infinito valor. A majestade infinita de Deus deve tornar sua pessoa sumamente preciosa para nós.

A proibição de repetir o nome de Deus em vão tem raízes na natureza da criatura na presença do Criador. Seria impossível imaginar alguém que se comportaria indignamente na presença de um rei como Xerxes ou Assuero, o imperador do grande Império Persa do século VI antes de Cristo. O modo de aproximação de Ester diante do rei oferece uma vaga noção de como os reis detentores de poder absoluto exigiam o reconhecimento da honra que todos deveriam dar ao soberano como Xerxes.

O livro de Daniel narra como Nabucodonosor decidiu eliminar os astrólogos (profetas) que supostamente detinham conhecimento sobrenatural para aconselhar o rei em relação às decisões importantes que deveria tomar. No entanto, eles consideraram irracional a exigência de que contassem o sonho do rei e então o interpretassem. Os astrólogos responderam: "Não há homem na terra que possa fazer o que o rei está pedindo! Nenhum rei, por maior e mais poderoso que tenha sido, chegou a pedir uma coisa dessas a nenhum mago, encantador ou astrólogo. O que o rei está pedindo é difícil demais; ninguém pode revelar isso ao rei, senão os deuses, e eles não vivem entre os mortais" (Dn 2.10,11).

Daniel juntou-se a seus amigos, judeus comprometidos com o Deus único, para pedir ao Senhor que revelasse o mistério do sonho desconhecido. Assim, Daniel revelou para os servos do rei o segredo que salvou a vida dos outros sábios do reino da Babilônia.

Então Daniel louvou o Deus dos céus e disse: "Louvado seja o nome de Deus para todo o sempre; a sabedoria e o poder a ele pertencem. Ele muda as épocas e as estações; destrona reis e os estabelece. Dá sabedoria aos sábios e conhecimento aos que sabem discernir. [...] Eu te agradeço e te louvo, ó Deus dos meus antepassados; tu me deste sabedoria e poder, e me revelaste o que te pedimos, revelaste-nos o sonho do rei" (Dn 2.20-23). Se um rei mortal como Nabucodonosor merece honra tão exagerada com essa, quanto mais glória, honra e poder merece o Criador de reis e imperadores!

Diminuir a honra de Deus pelo modo que falamos a seu respeito atribui ao falante uma falha relacionada de forma direta ao primeiro mandamento. Quem ama a Deus de forma intensa e o abraça de coração quebrantado não quer ouvir ninguém se referir a ele sem o mais sincero respeito. Quando em uma conversa, ou no diálogo de um filme, uma pessoa se refere ao Senhor da glória sem reverência, isso choca o ouvinte sensível ao pecado da quebra do terceiro mandamento do Decálogo.

Como a idolatria diminui o Criador, identificando-o com imagens feitas por mãos humanas, tomar em vão o nome do Deus único que criou o universo e tudo o que há nele, deturpa sua majestade. Palavras ou referências que comunicam o conceito errado sobre Deus, como os ídolos que, de acordo com a declaração de Paulo, não são nada (1Co 10.19), nos faz tropeçar no pecado. A blasfêmia indica que Deus carece de importância — que ele nada mais é que uma projeção da mente humana, de acordo com o ateu Sigmund Freud.

O Senhor que enviou seu Filho unigênito sob a "forma de escravo" que veio em carne, esvaziou-se de sua glória, "vindo a ser servo (*doulos*), tornando-se semelhante aos homens. E sendo encontrado em forma humana, humilhou-se a si mesmo e foi obediente até a morte, e morte de cruz! Por isso Deus o exaltou à mais alta posição e lhe deu o nome que está acima de todo nome, para que ao nome de Jesus se dobre todo joelho, nos céus, na terra e debaixo da terra" (Fp 2.7-10). Na realidade, ele é o Senhor dos senhores e o Rei dos Reis. Não há no universo inteiro outro ser comparável a ele em grandeza e majestade. Vejo uma incoerência inconcebível alguém usar o nome do Senhor com leviandade. Se todos se ajoelharão diante dele por causa do seu nome acima de todo nome, como se pode desvalorizá-lo?

Repetir o nome de Deus sem o devido reconhecimento de quem ele é parece anular a honra dos louvores oferecidos nos cultos cristãos. Com certeza essa não é a intenção dos adoradores que cantam com entusiasmo que Jesus é digno de todo louvor, mas logo depois do culto revelam uma atitude de irreverência ao lhe mencionar o nome. Se Deus merece toda a glória, de acordo com os cânticos, mas diminuímos essa glória com a inclusão, em nossas conversas, de algumas frases que comunicam uma atitude oposta, sem dúvida pecamos.

Quase todos que exclamam "Meu Deus!", "Deus me livre" ou "Jesus" com "Nossa Senhora" ou "Minha nossa" dão a impressão de que Aparecida faz parte do grupo de seres divinos que compõem a coleção de poderes que tomam as rédeas de nossa vida. É necessário que recuperemos o temor de Deus que integra o aperfeiçoamento "da santidade no temor de Deus" (2Co 7.1). Para temer ao Senhor é necessário crer que ele é quem ele disse ser em sua Palavra.

Crendo do fundo do coração que ele é a fonte, o fim, e que sua glória é o motivo da existência de todas as coisas, nós o honraremos de forma mais integral.

Conclusão

A tese está clara a todos os que chegaram até aqui: muitos pecados nascem, brotam e crescem no solo da incredulidade. A fé fraca, raquítica e efêmera não conta com a possibilidade de vencer a sutileza da tentação dos pecados ocultos. Temos grande dificuldade em percebê-los como pecados. Os males morais e espirituais se escondem nas profundezas do nosso íntimo. Logo que a luz da Palavra brilha, iluminando os pecados nos rincões do coração, e mexendo com nossa consciência, eles correm como baratas para se esconder debaixo da autoestima e da autojustificação. Paulo escreveu aos tessalonicenses: "Quanto ao mais, irmãos, já os instruímos acerca do como viver a fim de agradar a Deus e, de fato assim vocês estão procedendo. Agora lhes pedimos e exortamos no Senhor Jesus que cresçam nisso cada vez mais. Pois vocês conhecem os mandamentos que lhes demos pela autoridade do Senhor Jesus. A vontade de Deus é que vocês sejam santificados" (1Ts 4.1-3*a*).

Todos os empenhados na corrida em busca da santificação devem ouvir as palavras sábias de John Owen, um puritano do século XVII, que escreveu em suas meditações sobre a glória de Cristo:

> Atos pecaminosos devem ser postos à morte e todo o ensinamento de Cristo deve ser cuidadosamente obedecido. Não devemos, é claro, cair no erro dos fariseus. Confissões, peregrinações, jejuns e repetições de muitas orações não nos farão aceitáveis a Deus. Tem que haver um esforço redobrado para deixar o pecado de lado. É absolutamente necessário também, ler regularmente as Escrituras [...] ouvir a Palavra de Deus pregada, vigiar e orar contra as tentações... Todas essas coisas, entretanto, não podem ser feitas pela nossa própria força. Não somos "capazes, por nós mesmos, de pensar alguma coisa, como de nós mesmos, mas a nossa capacidade vem de Deus" (2Co 3.5). A fé precisa obter a ajuda de Cristo e em quaisquer esforços que tentemos aplicar em nossa caminhada cristã. Sem fé eles serão inúteis e rejeitados por Deus.[23]

O autor de Hebreus nos adverte: "Sem fé é impossível agradar a Deus, pois quem dele se aproxima precisa crer que ele existe e recompensa aqueles que o buscam" (11.6). A força da fé corresponde à proximidade ao Senhor Jesus Cristo com confiança e amor. Jesus disse a Pedro junto com os outros discípulos: "Simão, Simão, Satanás pediu vocês para peneirá-los como trigo. Mas eu orei por você, para que a sua fé não desfaleça" (Lc 22.31,32*a*). O motivo da negação de Pedro encontra melhor explicação na falta de confiança e amor ao Mestre na hora da tentação. Jesus advertira os acompanhantes no Getsêmani: "Vigiem e orem para que não caiam em tentação" (Mc 14.38). Pedro e os discípulos não oraram de forma tão intensa quanto Jesus. Eles foram vencidos pelo sono.

---

[23] *A glória de Cristo*. São Paulo: PES, 2008, p. 113.

Os mesmos discípulos, no dia de Pentecoste e desse momento em diante, enfrentaram com coragem e segurança os mesmos inimigos que prenderam e crucificaram Jesus. Sua fé em Jesus, após a ressurreição, e o revestimento com poder do Espírito Santo os fortaleceram de modo que, em vez de negar Jesus, falaram com muita ousadia e destemor. Com certeza, a oração e meditação na Palavra acrescentaram ousadia e destemor. Eles meditaram sobre trechos do Antigo Testamento que anunciavam a vinda, a pessoa e o sacrifício do Messias — o que acrescentou convicção e compromisso para se tornarem homens corajosos. As lições podem ser aprendidas pelos discípulos de hoje. Como a atitude de incredulidade deles foi alterada para a fé sólida e segura, porque não poderia se repetir a mesma transformação na vida de todos os que vivem com dúvidas e questionamentos em vez da fé exuberante? Jesus, após sua ressurreição, disse: "Eu estarei sempre com vocês até o fim dos tempos" (Mt 28.20). A incredulidade e os pecados por ela incitados podem ser vencidos pela fé de um Pedro ou de um Paulo.

Foi o próprio Paulo que escreveu aos coríntios: "Todos nós, que com a face descoberta contemplamos a glória do Senhor, segundo a sua imagem estamos sendo transformados com glória cada vez maior, a qual vem do Senhor que é o Espírito" (2Co 3.18). Nas palavras do pastor e conselheiro Jack Miller: "Alegre-se; você é um pecador bem pior do que ousa imaginar e muito mais amado do que ousa esperar".[24] O que mais importa ao reconhecermos os pecados que cometemos, muitas vezes

---

[24] Citado por Katherine L. Alsdorf no prefácio do livro de Timothy Keller: *Como integrar fé e trabalho*. São Paulo: Vida Nova, 2014, p. 16.

sem nos preocupar, é o amor de nosso Senhor e Salvador que aceita nosso desejo de sermos santos como ele é santo sem conseguir tão elevado patamar — e mesmo assim, nos perdoa e aceita.

Nossa esperança deve ser nomear, identificar e abandonar os pecados que nós, cristãos, cometemos por falta de fé saudável, e o estímulo a uma corrida mais consistente e perseverante (Hb 12.2). Acima de tudo, ajudar os irmãos da família de Deus a serem alegres no Senhor e mais felizes em seus relacionamentos interpessoais. Os pecados inevitavelmente criam rixas, ressentimentos e separações. A santificação cria mais intimidade com Cristo, entre os cônjuges e maior aproximação dos filhos e irmãos da igreja.

Uma pesquisa promovida pela School of World Mission [Escola de Missões Mundiais] na Califórnia (EUA) analisou a vida de novecentos líderes cristãos do passado e do presente. Dentre as conclusões, quero mencionar apenas duas:

Primeira: "Eles reconhecem que a autoridade espiritual é a base do poder. O poder flui da autoridade espiritual. A autoridade espiritual resulta da intimidade com Jesus. Essa intimidade é nutrida mediante a pureza pessoal, a adoração e a vida fiel em oração".

Segunda: "Eles têm a consciência crescente do próprio destino, são vocacionados por Deus para servir e têm a convicção que Deus lhes ordenou um ministério específico. Confiam que Deus os orientará no desenvolver desse ministério".

Eu acrescentaria mais uma observação: "Eles, reconhecendo qualquer pecado em sua vida, lutam para erradicá-lo". Não se acomodam nem se protegem com a desculpa "eu sou assim mesmo!". Se esta série de meditações for útil para criar sua aproximação maior de Deus, bem como de familiares e irmãos, ficarei grato ao Senhor.

A Deus toda a glória!

RUSSELL P. SHEDD

AUTORIDADE
e PODER

SHEDD
PUBLICAÇÕES